D0499175

The RETURN of the RIVER

The Selected Poems of Roberto Sosa

Translated by Jo Anne Engelbert

CURBSTONE PRESS

FIRST EDITION, 2002
Copyright © 2002 by Roberto Sosa
Translation copyright © 2002 by Jo Anne Engelbert
All rights reserved.

Printed in Canada on acid-free paper by Best Book / Transcontinental
Printing
Cover design: Stone Graphics

This book was published with the support of the
Connecticut Commission on the Arts and the National
Endowment for the Arts, and donations from many
individuals. We are very grateful for this support.

Library of Congress Cataloging-in-Publication Data

Sosa, Roberto, 1930-
   [Retorno del río. English & Spanish]
   The return of the river : the poems of Roberto Sosa / translated by
Jo Anne Engelbert. — 1st ed.
      p. cm.
   English translation with Spanish original.
   ISBN 1-880684-80-2 (pbk.)
   I. Engelbert, Jo Anne. II. Title

PQ7509.2.S6 A6 2001
861'.64—dc21   2001042255

published by
CURBSTONE PRESS   321 Jackson Street   Willimantic, CT 06226
         phone: (860) 423-5110   e-mail: info@curbstone.org
                          www.curbstone.org

Roberto Sosa and Jo Anne Engelbert gratefully acknowledge their residencies at Yaddo in the summer of 1997, which helped make this book possible.

CONTENTS

UN MUNDO PARA TODOS DIVIDIDO / A WORLD FOR ALL, DIVIDED

SECRETO MILITAR / MILITARY SECRET

INTRODUCTION
by Sam Hamill

Confucius was asked, "What is the most difficult lesson?" Without missing a beat, he replied, "Simplicity." Applying the observations of Confucius to poetry, I think of Matthew Arnold's comment assigning primary characteristics to Homer's poetry; he is eminently rapid; he is eminently plain and direct both in the evolution of his thought and in the expression of it; and, finally, he is eminently noble. Arnold's equation for the "grand style" points directly to intelligent simplicity, one of the most elusive and rewarding qualities of so much grand poetry. Following a decade of near-silence at the end of his life, Ezra Pound was asked to sum up what he'd learned from thirty years of reading and translating Confucius: "Avoid twisty thoughts."

The elegiac and erotic lyrics of Roberto Sosa present a voice as personal, as elegant and as timeless as those of the great poets of the T'ang dynasty or the *Greek Anthology*. Sosa joins passion and humility, ecstasy and grief, clarity and wisdom, to make poems as simple, lucid and incandescent as anyone writing today. Born in Yoro, Honduras, in 1930, Sosa has witnessed severe political repression during a time when many people "disappeared" at the hands of the government.

Nameless

They did not have names, and no one knew them.

With thighs of sand
they danced in mirrors
and, fragile, shrank behind the mercury
toward fables of sugar.

They were quick to weep.
I can't explain.

If I could, I might say
they nested all the love in the world.

I said they were made of sand. And the hatred
that festers in this soil
destroyed them
in an absurdity of brittle glass.

They were my sisters.
I write their names down here
beneath the lamplight.

It is hardly surprising to learn that Sosa's books were banned during the "Yankee occupation" coinciding with the Contra war in Nicaragua, or that he was driven from his university teaching position, or that death threats were numerous. "I would never have imagined," he wrote, "that the unprofitable business of weaving verses could endanger my life." From Mexico to the southern tip of Chile, poetry is often taken very seriously indeed. While political repression and real lyric poetry have often coincided in Central and South America, Sosa achieves a kind of luminous clarity that is rare in any age.

Face to face, as it were, with "the national and international political hydra," he eschews agitation or direct condemnation as actions having no place in compassion – it is "the nameless" he must first embrace. The surrealist touches clarify more than surprise, while the poet does, with startling candor, admit, "I can't explain," all the while achieving what might be termed complex simplicity. The implications of the poem are enormous. The utterance itself is direct and concise.

Twenty-five hundred years ago, Alcaeus asked simply, "And now how many brothers of Paris/ lie planted in the black earth/ across the plains of Troy?" In another fragment in the *Greek Anthology*, he declares, "Poverty's the worst savage crime—/root of evil, pride of the damned—/who with her sister, Hopelessness, /ravishes the land." Sosa says of the poor, "They can shoulder / the coffin of a star," and that "they go in and out of mirrors of blood,/ walking and dying slowly."

The human condition remains largely unchanged over two

millennia. Tyrants rule, the merchant class rules. The poor remain poor. But unlike Alcaeus, Sosa would appear to place at least some portion of the responsibility for those conditions with the poor themselves, "But *not knowing* their treasures," they go in and out..." [my italics]. If the poor *did* "know their treasures," what would those treasures be? And, once defined, might such treasures contribute to the alleviation of poverty? For any answer, each of us must look within.

Once again, the implications are enormous, while the intensely lyrical language remains precisely and transparently clear. The poet writes no prescriptions. He makes no claim to having all the answers. If the poem is primarily political, the experience itself—for the poet and for the poor and for the reader—is immensely personal. The most personal poem is political; the most political poem is in many ways the most personal.

It would be foolish to approach Roberto Sosa only in the context of the political aspects of his poetry. Like the great Chinese poets who often wrote in exile or under sentence of death, and who disguised their political criticism by clothing it in the most poignant imagery drawn from nature, Sosa is a political poet with a romantic vision. He has shaken off the sweeping rhetorical devices that have been a trademark of Spanish-language poetry for hundreds of years, and rather than indulging in the objectification of women so often associated with Hispanic romantic verse, he achieves an erotic poetry in which women are participants in history, in which muse and lover, mother, sister and daughter all are "absolute companion."

FROM CHILD TO ADULT

It's easy to abandon a child
to the mercy of birds.

To look without wonder
into her eyes of helpless light.

To let her cry
on a crowded street.

To ignore the clear language
of her baby talk.

Or to say to someone:
You can have her,
she's yours forever.
It's easy,
very easy.

What is hard
is to give her
the true dimension of a human life.

The poem couldn't be more simple. "Easy" morality and an attitude of superiority have excused the most reprehensible behavior throughout history, from the common Chinese practice of drowning female babies to the slaughter of original nations and profiteering in the slave trade in the United States. But Sosa doesn't point fingers directly. He offers a mediation rather than an accusation, presenting only the simple observation, and saying it in language so simple and so declarative that it could be a child's statement but for a few carefully clarifying words: the *mercy* of birds; *helpless* light; and that devastating *dimension* of a life. When one objectifies an "other," one reduces the fully human to a two-or three-dimensional life, thereby making infanticide or slavery or socially acceptable murder (including all death penalties) possible. And that, in turn, reduces the dimensions of our own lives.

Sosa has seen people who "learn/ with the dying/ to count the steps remaining in their lives/ / and grow up unamazed." The poet himself is constantly amazed: at human brutality, at human love, at the power of poetry, that "last remaining lighthouse in the universe." In "The Hallucinating Beast," he draws a portrait of a national hero as much as the face of evil: "Behold the General, so swollen with misdeeds he glistens like a pig." If the faces of Pinochet and Noriega leap to mind, so also do the grinning faces of Napoleon and Schwarzkopf.

Writing about his mother, a battered child for whom "abruptly all the images she loved/ were swept away by despicable men," the poet finds a woman who "talked to roses, she, delicate balance/ between/ human hardness and the weeping of things." His poem closes on a powerful echo of Virgil's *lacrimae rerum*: "Here too we find virtue somehow rewarded,/ tears in the nature of things, hearts touched by human transience."

We in North America have much to learn from Roberto Sosa. For the most part, our critical vocabulary has been nailed inside the tidy academic coffins of fads and movements, entombed in "postmodernism" or "deconstructionism" or neo-anythingism. Great poetry withstands such abstractions, insisting upon a critical vocabulary rooted in the emotional and physical realities of our lives. *The Return of the River* serves as another reminder that poetry at its best makes attainable a kind of *nobility*, that is, a strengthening of human character. It is a return to the source of our hope and to the source of our suffering—both of which are, of course, within ourselves.

In his remarkable essay, *Neither Victims nor Executioners,* Albert Camus asked that we "reflect on murder and make a choice... [so that] we can distinguish those who accept the consequences of being murderers themselves or the accomplices of murderers, and t hose who refuse to do so with all their force and being." The power of Sosa's clarity is drawn from his moral resolve to be included among the latter. Choosing *not* to be counted among the accomplices of murderers, one chooses a way of life, and the path becomes clear and simple. The art is made from the life.

In the enormous dark vocabulary of human suffering, poetry may indeed be the "last remaining lighthouse in the universe." Telling the truth, like refusing to kill, can be a supremely dangerous act. Sosa's poetry is a beacon, a warm gentle light emanating from a man who, with Death threatening at his doorstep, has continued to practice a noble and dangerous art.

AUTHOR'S PROLOGUE

I'm a poet (though it's not easy to admit it) and moreover a poet born and raised in the Third or Fourth World, a fact that denotes and connotes an unavoidable duty: in my work I must give full account of this human and social circumstance; I must make it the beginning and the end of an art which beyond its commitment to aesthetic quality is permanently linked to the most secret secrets of the people of my country, Honduras. To accomplish this I've had no choice but to become an intimate part of that reality — all the while keeping one eye on my hat and one on my cravat. The rest has followed naturally: my early poems "The Stevedores," "Dogs," and "Tegucigalpa"; and "Storm," "Under the Sea," and "Nameless" mark the end of my literary prehistory and might be considered the base of the intrahistory of my poetry.

My first creative efforts were published as a book, actually a chapbook, I called *Caligramas* — text, context and title that have nothing to do with the book written and signed by Apollinaire, which, in parenthesis, I had never even seen the cover of. This literary experiment of mine was a project of the magazine *Pegasus,* directed in the sixties by Felipe Elvir Rojas, and for me its public appearance meant I had somehow managed to leap the hurdles of the Honduran critical process and survive the first miseries of being a writer.

My second book of poems, *Muros* (Walls), published at my own expense, anticipates some of the ways I would come to handle the flow of verbal reality. Some elements have become constants: the prose poem, certain metrical combinations, an obsession with finding the exact adjective, and, above all, an attempt to let the world of ideas set itself to music. My next book, *Mar interior* (The Sea Within), simply grew up alongside *Muros*.

Los pobres (The Poor) and *Un mundo para todos dividido* (A World for All, Divided) were the culmination of a superhuman effort to banish that flunky of the obvious and worst of all rhetorical vices, pedantry.

The book *Secreto militar* (Military Secret) is a categorical socioethical response to the acts of lèse humanité conceived by the most visible heads (not all are included) of the national and international political hydra.

My two last books, published in the nineties, blue door to the millennium, are *El llanto de las cosas* (The Weeping of Things) and *Máscara suelta* (The Lifted Mask). The first is predominantly elegiac, and the second is a testimony to my deep appreciation of the most beautiful structure on this planet: woman.

The title of this book was not chosen at random but was attracted by the tug of the sadness that pervades it: *The Return of the River* is perhaps the echo of the echo of the eternal return, repeating itself in concentric circles around the dream of a society free of the antihuman nightmare and its fabricated image.

My idea of putting together a selection of the poetic work I have been elaborating for more than thirty years can only be consummated by making a formal presentation of the book to its final recipients, the readers, so that they may reduce this anthology until it conforms to their image and liking, because readers, by the act of purchase are authorized by the three aggravating circumstances of the law to do as they wish with the book: throw it into the trash can, put it on the night table as an ornament or use it as a path to catharsis. Readers, take heart.

Roberto Sosa
Yaddo, June 20, 1997

The Return of the River

CALIGRAMAS

CALLIGRAMS

Tegucigalpa

Vivo en un paisaje
donde el tiempo no existe
y el oro es manso.

Aquí siempre se es triste sin saberlo.
Nadie conoce el mar
ni la amistad del ángel.

Sí, yo vivo aquí, o más bien muero.
Aquí donde la sombra purísima del niño
cae en el polvo de la angosta calle.
El vuelo detenido y arriba un cielo que huye.

A veces la esperanza
(cada vez más distante)
abre sus largos ramos en el viento,
y cuando te pienso de colores, desteñida ciudad,
siento imposibles ritmos
que giran y giran
en el pequeño círculo de mi rosa segura.

Pero tú eres distinta:
el dolor hace signos desde todos los picos,
en cada puente pasa la gente hacia la nada
y el silbo del pino trae un eco de golpes.

Tegucigalpa,
Tegucigalpa,
duro nombre que fluye
dulce sólo en los labios.

Tegucigalpa

I live in a landscape
where time does not exist
and gold is meek.

We are always sad here but never know it.
No one has seen the sea
or known the friendship of the angel.

Yes, I am living here, or rather dying.
Here where the perfectly pure shadow of a boy
falls in the dust of a narrow street,
cut down in flight, under a fleeing sky.

Sometimes hope
(ever more distant)
spreads her long branches in the wind,
and, then, dim city, I imagine you in color
and hear impossible rhythms
that spin and spin
in the small circle of my certain rose.

But this is not you. Here
mute pain gesticulates
on every hill, and over every bridge
the people trudge toward nothing.
The whistle of the pines brings echoes of blows.

Tegucigalpa,
Tegucigalpa,
harsh name that flows gently
only on the lips.

Submarina

Para Lidia Ortiz Luna

¿Te acuerdas de las piedras
en los patios con flores
donde se hundía, ciega,
mi alegría en tu andar?

Mi submarino fondo
lo iluminó tu risa.

En tus labios el ángelus ardía
y nos llamaron siempre
desde La Cruz del Sur.

Y de la brisa blanca
que cruzaba del campo a las colinas,
y del sol, el último que doró tu cabeza,
tristísima parte mía, ¿te acuerdas?

Under the Sea

For Lidia Ortiz Luna

Do you remember stones
in flowering patios
where my joy
sank blindly in your steps?

My underwater depths
were lit by your smile.

The hour of Angelus glowed on your lips
and from the Southern Cross a voice
was calling and calling our names.

A white breeze was rising toward the hills
and the sun spilled its last gold upon your hair,
oh sad part of me, do you remember?

Autobiografía

Eco
que se derrumba
por la espera.

Un ala
en el vacío.
Piedra suicida
y estudio de alarido he sido.
Soy.

MUROS

WALLS

Autobiography

Echo
that falls away
in waiting.

Wing
over the void.
Suicidal stone
and study for a howl
I have been. And I am.

Sin nombre

No tenían nombre ni se les conocía.

Con muslos de arena
bailaban en los espejos
y se disminuían tras el azogue, fragilísimas,
hacia fábulas de azúcar.

Eran al llanto fáciles.
Explicarlo no puedo.

Si pudiera diría
que anidaban todo el amor del mundo.

Eran de arena dije. Y este odio,
el odio de este suelo
las destrozó en un absurdo
de escarpados cristales.

Eran hermanas mías.
Aquí escribo sus nombres
debajo de las lámparas.

Nameless

They did not have names, and no one knew them.

With thighs of sand
they danced in mirrors
and, fragile, shrank behind the mercury
toward fables of sugar.

They were quick to weep.
I can't explain.

If I could, I might say
they nested all the love in the world.

I said they were made of sand. And the hatred
that festers in this soil
destroyed them
in an absurdity of brittle glass.

They were my sisters.
I write their names down here
beneath the lamplight.

Los estibadores

Mensajero de ayer y cruz de escombro. Desde algún sitio se inventaban muros, muelles y buques negros. Vagones que ocultaban la mañana y estibadores ya sin estatura a causa de los bultos constituían ultrajes hasta el hielo. Mensajero de ayer, mi padre fue uno de ellos.

Ola de atardecer vencida siempre y sin embargo siempre en rebeldía. Todo me parecía anochecido: viajero y pescador, mástiles y escuadras de gaviotas, todo, todo, excepto las alas de la espuma.

Los trabajadores marítimos volvían al hogar como ángeles fracasados. Tenía yo seis años y el espanto era ya el espanto.

The Stevedores

Messenger of yesterday and cross of dross. Someone somewhere was inventing walls, docks and black ships. Freight cars that blocked the sun and, crime colder than ice, stevedores shrunken by their loads. My father, messenger of yesterday, was one of them.

Great wave of sunset, always defeated and always smoldering. All looked dark to me: passengers, fishermen, masts and squads of gulls, all, all, except the wings of foam.

Like defeated angels the dockworkers walked home. I was six, and already fear was fear.

Imágenes

Catedral del confín,
lago
y cabaña.

Fusil de miedo
y fábula
del ciervo.

Honduras
o peñasco sin posible salida.

Images

Cathedral of horizons,
lake
and cabin.

Rifle of fear
and fable
of a fawn.

Honduras,
cliff with no possible escape.

Los perros

Todos los días mi perro viene a mi encuentro. Si algo me desespera, su cola—la angustia—baila como una fuerza.

Durante las estaciones de lluvia y hambre se acerca su tibieza en sucesivas olas y de sus ojos caen monedas y monedas. Yo fumo y sueño.

Repetidas veces ascendemos por la escala de los estanques desde la cual contemplamos, bajo la luz de las abejas, sociedades amorosas.

Todo ello ocurre con admirable naturalidad mientras la gente aparece y desaparece sin percibirnos siquiera, porque, no hay duda, en medio de la transparencia derrumbada se cree que somos perros.

Dogs

My dog bounds up to greet me every day. If something troubles me, his tail— sympathy — dances like a fury.

In times of rain and hunger his warmness comes in waves, and coins and coins tumble from his eyes. I smoke and dream.

Together we climb the hills, look deep into pools and by the light of bees contemplate societies at peace.

That's how it is. People come and go, not giving us a glance. In the transparent space around us, they take us for two dogs.

Cruz del alba

Ciertamente que hubo algo muy valioso
aquí donde la aurora
quema su lanza inútilmente bella.

Aquí, donde el oprobio
se enrosca en el olvido,
hubo seres y cosas transparentes
allá detrás del tiempo:
la indiada soñadora,
la lluvia desgarrándose en las peñas.

¿Quién te amarró los pies con cintas negras?
¿Quién cortó tus cabellos con filos de miseria?
¿Quién desgarró tu traje y tu hermosura
y te dio de beber vinagre y muerte?

Patria mía—cabaña o cuartería—
aunque escriban tu nombre en la dulzura
o sumerjan el canto en tus lagunas
o alaben tus entrañas
a ti nadie te ama. Todos te niegan,
todos.

Nunca se movió boca
diciendo que tus héroes
son el polvo barrido
de ensordecidos pianos.
Ni dijeron que eres sólamente una cifra
en misteriosas jaulas sin ventanas.

Todo te duele:
el niño oscurecido.
La acera retorciéndose de angustia

Dawn Cross

Surely
something very precious once stood here
where the dawn
burns her senselessly beautiful lance.

Here
where hate coils in oblivion
were transparent beings and things
behind the realm of time:
the Indian masses in their dream
and rain that shatters in ravines.

Who bound your feet with black cords?
Who cut your hair with shards of misery?
Who tore your clothes and your beauty
and gave you vinegar and death to drink?

Oh country of mine—shack or tenement—
although your name is written reverently
and your song is dipped in cool lagoons
and your fortitude is duly praised
no one loves you. Everyone denies you,
everyone.

No one opens his mouth to say
your heroes are the dry dust
brushed out of deafened pianos
nor that you're nothing but a number
in a windowless cell.

Everything makes you ache:
the darkened child.
The sidewalk that writhes in anguish

cuando mira al anciano
con la mano extendida.
Labrador y montaña
(imágenes luchando con redes fotográficas)
pasto y sed de curiosos sonoros y distantes.

Jamás has sonreído.
Tus hospitales gritan.
La fábrica se borra al dibujarse.
El río—ataúd y cadáver—huye en vano.

Mira cómo te ahogan los papeles.
Papeles de marchitas
golondrinas de imprenta.

Papeles descompuestos
en paredes,
en autos,
en la esquina del aire,
sobre las grandes aves
que custodian el cielo.

Actores siglo a siglo
te engañaron con desmedidos gestos.
Dijeron que eres alta,
bella y sabia.
Te musitaron cuentos
de porcelana china
hasta agotar el tema.
Y ellos, los mismos, te golpearon con palos,
doblaron tus rodillas
y echaron suertes sobre tus harapos.

to see an old man squat
and stick out his hand.
Worker and mountain,
(images fighting the tourist flash),
 food and drink of noisy spectators.

You've never smiled.
Your hospitals moan.
The factory dims and disappears.
The river—coffin and corpse—struggles
to escape.

Look how they're drowning you in paper,
papers blotched
with withered images
of printed swallows.

Paper
crumbling
on walls
on cars
and on the corner of the air
where huge birds
monitor the sky.

For centuries
actors deceived you with a wink
telling you you were tall
and beautiful and smart,
serving you lies
on silver platters
till they ran out of words.
And they, the very same, scourged you,
bent your knees
and cast lots for your clothes.

Lo siniestro, filo de escombro, crece.
Que la Historia lo grabe y lo publique
cuando se vuelva hacia la cruz del alba.

Fear, the blade of ruin, is growing
here. Let history record and publish this
when it turns once more
toward the cross of dawn.

Elegía simple

He caminado mucho.
Poco a poco—parece—engorda la deshora.

Toco la cruz sin brazo.
Sí,
usted está ahí bajo los hormigueros.
Quiero estrechar el polvo de su mano, levantarlo, besarlo
y confesarle algo amarrado como un nudo ciego.

Todo
se viene abajo y yo digo su nombre lo más dulce que puedo.

He caminado mucho, padre mío,
mucho.

1966-1989

Simple Elegy

I've come a long way.
Little by little, night is growing thick.

I touch the one-armed cross.
Yes,
underneath the anthills you're still there.
I want to touch the dust of your hand, lift it, kiss it
and confess something bound like a blind knot.
Everything
is falling. I say your name as softly as I can.

Father, I've come a long, long way.

1966-1989

Tempestad

Escrito sobre el agua está tu nombre. Nadie debe olvidarlo.

Oh tempestad levanta tu ternura, tu arma quebrada,
tu incendiado escudo. Penetra por mi rostro y por mis
venas, duras de soledad, largas de espera.

Por ti destruí mi brújula y el mapa del aire dibujante
de barcos. Por ti yo he comprendido quién soy y quién he sido.
Entendí que los míos se pudren en abismos entre helados
cruceros sin sentido.

Cierra tus puños y abre las compuertas, inunda limpiamente,
dulcemente, oh tempestad levanta tu amargura.

Tu nombre está bajo la misma calma, oculto en las señales del
rocío.

Storm

Your name is written on the water. No one should forget it.

Oh storm, take up your tenderness, your burnt shield,
your broken spear. Pierce my face and my veins,
long with waiting, hard with loneliness.

For you I crushed my compass and my charts of the ship-
sketching air. You taught me who I am, who I have been. You
showed me my kin moldering in the cold, absurd among mute
cruisers at the bottom of the sea.

Storm, clench your fists, open your flood gates, flood cleanly,
perfectly; unleash your bitter power.

Your name is there beneath the calm, hidden among the
harborlights of dew.

Viejo pueblo

A Emile Martínez

Nada ha cambiado. Nada.
Los mismos perros tras el mismo dueño.

La frase olor a limpio ¿quién pudo sostenerla?

La fuente naufraga.
En casa ajena fijos el pato y su golpiza,
los niños y los pájaros, sumamente pálidos,
fracasan.

¿Quién borró la neblina en donde nos buscábamos a tientas?

Los sepulcros, hoy como ayer, contemplan lo suyo.
Nada ha cambiado. Nada,
viejo pueblo recluido entre líquenes y charcos.

Old Town

To Emile Martínez

Nothing has changed. Nothing.
Same dogs tailing same masters.

The fresh-smelling phrase, who could bear it?

The fountain, drier than a shipwreck isle.
At the neighbor's house, duck and shed have petrified.
Deathly pale, children and fowl
are failing.

Who erased the mist where we used to hide, groping to find
each other?

The tombs, yesterday as today, stare at their own.
Nothing has changed. Nothing.
Old town, ringed by lichens and longstanding pools.

Amapala

A Claude Couffon

Amapala, niña arenosa, Amapala.

Gota
a
gota
te agotan los escultores de la calavera.

Te llevan.
Cuchillo en alto
te llevan.

¿Hacia dónde?—di, marinero—¿hacia dónde?

Haciadonde ao—haciadonde oe
ola tras ola repite el mar de largo
haciadonde ao—haciadonde oe.

Amapala, niña arenosa, Amapala.

1966-1990

Amapala

To Claude Couffon

Amapala, sandy girl, Amapala.

Drop
by
drop
the sculptors of skulls are taking you away.

They're taking you away,
knives raised,
taking you away.

To where—sailor, tell me—to where?

Towhere ahh ohh—towhere ohh ehh?
Wave after wave, the ocean sighs, slowly,
towhere ahh ohh—towhere ohh ehh?

Amapala, sandy girl, Amapala.

1966-1990

Amapala is a small port town on Honduras' Pacific coast.

Espejos

I

Me acuerdo
como si ayer hubiera sucedido,
en la casona de nadie dejé a mi madre y su vela.
Señales de todas partes le hacía la miseria.

Recuerdo
el cielo flotando como una bandera al rojo blanco.

II

Los vecinos y sus adioses a punto de congelamiento,
de Ud. me hablan desde sus agujeros.

Del olvido me olvido.
Digo
me olvido a medias, porque hoy en plena plaza pública
he visto a un hombre
subastar al menor de sus hijos menores, por hambre
según dijo entre sollozos.

Nada sé del otro lado lejano detrás del cementerio
ni de los aguaceros con hondos nadadores, por ahora
es preferible que no hable de esas cosas.

Resido en un lugar sin compasión alguna.

Madre mía,
me eriza esta ciudad en blanco y negro,

Mirrors

I

I remember
as if it were yesterday
leaving my mother with her candle
at nobody's house.
Misery made signs to her from all about.

I remember the sky fluttering like a flag,
scalding red.

II

The neighbors with their freezing point goodbyes
tell me about you in their lairs.

I forget forgottenness.
I mean
half forget, because today, here in the plaza, a man
auctioned off the youngest of his youngest children ... Hunger
was all he said through tears.

I know nothing of the far side of the cemetery
nor of deep swimmers in the storm.
Better not to talk about such things.

I live in a place without the smallest drop of compassion.

Mother,
this city in black and white stands my hair on end.

batallo
y no me rindo a los enterradores, flacos de odio.

Como Ud. sabe
amo a brazo partido y escribo a patria o muerte.

I stand and fight.
I will not surrender to the undertakers.

As you know
I love with all my strength
and write to the pulse of *patria o muerte*.

MAR INTERIOR

THE SEA WITHIN

Estatuaria

Por años, durante siglos,
yo labraría tu estatua.

Color de mar en tus ojos
y el aire de las palmeras
alrededor de tu pelo.

Para poder encontrarte
entre los mármoles
me sangraría las manos.

Statuary

I would sculpt your likeness
for years, for centuries.

Sea-color in your eyes,
air of palm trees
ruffling your hair.

To find you in marble
I would flay my hands.

Juego de niños

Duérmete
hija mía
y cruza los puentes
que el agua construye.

Camina
hacia donde los soles
astillan sus cruces.
Y despierta
allí donde juegan iguales los niños.

Lullaby

Close your eyes, go to sleep
dear little daughter,
cross over the bridges
made by the water.

Go where the sunbursts
shatter their steeples,
wake where all children
are playing as equals.

La orilla

Para Diana Argentina Sosa

La orilla grande
custodia
a los peces pequeñitos.

Madre de barco y viajero
cuida el niño azul del agua
y se traga los anzuelos.

De noche canta y el esqueleto del mar
los pescadores arrastran, en sueños,
a sus cabañas.

Mi niña, mi pececillo,
para ti la orilla grande.

The Shore

To Diana Argentina Sosa

The big shore
looks after
tiny fish.

Mother of ship and traveler, she minds
the blue child in the water
and swallows all the hooks.

At night she sings,
and fishermen in their dreams
drag the spine of the sea
home to their shacks.

Daughter, my little fish,
the big shore, for you.

El viento

Quebrado
se queja, óyelo, mi niño,
el viento.

No puede erguirse,
no puede.
Da vueltas hacia la muerte.

Se queja ronco
y en tierra clava las uñas.

Mientras, yo hilo mi propia muerte
y algo espero.

The Wind

Broken,
the wind is moaning,
listen to it, my son.

It cannot rise
again.
It is circling toward death.

Its moans are hoarse,
it digs its nails into the ground.

Meanwhile,
waiting for something
I am spinning my death.

Naufragio

De pronto me acuerdo
de aquel náufrago tirado en una playa
para él desconocida, y pienso, sin saber por qué,
que ese hombre
tendido junto al confuso ruido de las aguas
soy yo y que el mar es mi hermano mayor
que vuelve
de un viaje peligroso y me abraza
—por última vez—con altas olas blancas.

Bruscamente me olvido de todo
y ahora oigo sólo la risa de esta mujer
que camina a mi lado, joven como la noche.

Shipwreck

I suddenly recall a castaway
prostrate on a beach he's never seen
and somehow understand: the man
lying beside the booming surf
is me, and the ocean is my older brother
back from a voyage to embrace me one last time
with enormous white arms.

Suddenly
I hear nothing but the laugh
of the woman walking beside me
young as the night.

Alta mar

Torre de los marineros, no de aposento y humo,
ni puente que conduce
hasta la calma de los frutos bajos.

De barco hundido y vidrio roto
en el costado izquierdo, la soledad ahí
su nombre escribe: olvido cabizbajo del olvido.

High Sea

Sailors' tower:
not home nor hearth
nor pleasant bridge
leading to fruit in easy reach.

No. Sinking ship. Shards
stabbing your left breast. Where
loneliness writes her name: forgotten relic of oblivion.

Lago deshabitado

Hacia el color
se empinan las palomas.

Tienen de yeso el cuello
y no lo saben.

(La Muerte
quieta en sí misma
desde su propia humareda).

Desesperado les grito
hasta ensangrentar las piedras.

Pero no puedo alcanzarlas
y veo ya deshabitado el lago.

Deserted Lake

The doves
take flight,
aiming for color.

They do not know
their throats are made of chalk.

(Death
keeps still
inside her puff of smoke.)

I shout to them
in vain,
bloodying the stones.

But I cannot reach them,
and the lake is empty now.

Palabras para una niña
que se quedó dormida

Para Leonor Sosa

Entro en tu residencia
¿cómo no ser pequeño
al penetrar en ella?
y cuando me iluminas
el dolor
ya no existe en mi poesía,
y en esta forma
nunca ha sido más limpia
la realidad conmigo
que cuando a ti se acerca
sin intención de golpes.

Entonces soy más alto:
todos tus pasos caben en mis dedos,
y en el puente del agua
yo camino contigo
hacia donde la Tierra es un sendero recto.

La dicha siempre tuvo
sus vocales en fuga.
Tú no lo sabes, hija,
¿cómo ha de percibirlo
tu cabecita nueva?

Mi amor
anuncia
claros ramajes nunca extintos.
Hasta donde él se extiende
mi corazón te ampara.

Words for a Little Girl
Who Fell Asleep

For Leonor Sosa

I enter your residence;
how not feel small inside it?
When I am bathed in your light,
there's no more sorrow in my poetry.
I've never seen reality so clean
as when it comes to you
on tiptoe
and unarmed.

I feel taller then:
all your footsteps fit into my fingers,
and I walk with you
over the bridge of water
to where the whole earth is a straight path.

The vowels of happiness
are always taking flight.
But you don't know this, daughter.
How could your little head, so new,
know such a thing?

My love
announces
bright, everlasting boughs.
My heart will shelter you
as far as it can reach.

Pero la vida tiene
su arena movediza
y por ti siento miedo.

Quédate así dormida
junto al agua que parte de tu cuna.

But life
has quicksand
and I fear for you.

Sleep soundly, then,
beside the waters
flowing past your cradle.

Los retornos

I

Fuera de mí se alza esta ciudad
de seres veloces como sierpes.

Su ojo todo lo ve
y en las noches
se cuelga su máscara confusa.

II

Mar interior, mar mío,
a partir de mi pecho
se levantan tus arcos
que siempre me conducen
a un dominio más puro
y a tu calma se entregan
mi tiempo y mis deseos.

III

Pero en frente se yergue
la ciudad y su sombra
inolvidable como un delito,
y es menester que vuelva a su amenaza.

I Must Return

I

Outside me rises this city
of beings swifter than snakes.

Its eye sees everything
and its bewildering mask
dangles from the night.

II

Ah sea, my inner sea,
your arches, rising from my heart,
lead always to a purer place
where my time and my desire
float in your calm.

III

But before me looms the city with its shadow
indelible as a crime

and I must return
to its menace.

LOS POBRES

THE POOR

Los pobres

Los pobres son muchos
y por eso
es imposible olvidarlos.

Seguramente
ven
en los amaneceres
múltiples edificios
donde ellos
quisieran habitar con sus hijos.

Pueden
llevar en hombros
el féretro de una estrella.

Pueden
destruir el aire como aves furiosas,
nublar el sol.

Pero desconociendo sus tesoros
entran y salen por espejos de sangre;
caminan y mueren despacio.

Por eso
es imposible olvidarlos.

The Poor

The poor are many.
That's why
it is impossible to forget them.

Surely
they see
at dawn
numerous buildings
they would like to live in
with their children.

They can shoulder
the coffin of a star.

They can destroy the air
like furious birds,
obscure the sun.

But not knowing their treasures
they go in and out of mirrors of blood,
walking and dying slowly.

That's why
it is impossible to forget them.

De niño a hombre

Es fácil dejar a un niño
a merced de los pájaros.

Mirarle sin asombro
los ojos de luces indefensas.

Dejarlo dando voces
entre una multitud.

No entender el idioma
claro de su media lengua.

O decirle a alguien:
es suyo para siempre.
Es fácil,
facilísimo.

Lo difícil
es darle la dimensión
de un hombre verdadero.

From Child to Adult

It's easy to abandon a child
to the mercy of birds.

To look without wonder
into her eyes of helpless light.

To let her cry
on a crowded street.

To ignore the clear language
of her baby talk.

Or say to someone:
You can have her,
she's yours forever.
It's easy,
very easy.

What is hard
is to give her
the true dimension of a human life.

Los claustros

Nuestros cazadores
—casi nuestros amigos—
nos han enseñado, sin equivocarse jamás,
los diferentes ritmos
que conducen al miedo.

Nos han amaestrado con sutileza.
Hablamos,
leemos y escribimos sobre la claridad.
Admiramos sus sombras
que aparecen de pronto.
Oímos
los sonidos de los cuernos
mezclados
con los ruidos suplicantes del océano.

Sin embargo
sabemos que somos los animales
con guirnaldas de horror en el cuerpo;
los cercenados a sangre fría; los que se han dormido
en un museo de cera
vigilado
por maniquíes de metal violento.

Chambers

Those who hunt us down —
our supposed friends —
have taught us perfectly
the many rhythms
that lead to fear.

They have trained us cunningly.
We speak,
read and write about truth.
We admire their shadows
when they jump out at us.
We hear the hunting horns
mingled with pitiful cries from the sea.

Nevertheless
we know we are animals
whose bodies are garlanded with horror
and deftly sliced.
We have fallen asleep
in a wax museum
guarded
by mannequins of violent metal.

Los túneles blancos que conducen al mar

Nada
significa el cielo
para los ancianos indigentes.

Nada
significan
los rayos que hacen posibles
las femeninas cabelleras rubias.

Se marchan
en silencio a su pasado
iluminados
por las penumbras
que esparcen las botellas quebradas, y no olvidan
que sus heridas
tiñeron de púrpura la túnica de la primavera.

Los jóvenes
que los veneran
y que luchan
por devolverles
su dignidad de dioses ofendidos,
pertenecen
a la clase más alta de la patria.

The White Tunnels that Lead to the Sea

Heaven
means nothing
to the elderly poor.

Nor do the rays that make possible
a woman's beautiful hair
mean anything to them.

In silence
they return to their past
illumined by shadows
of broken bottles, and they don't forget
that their wounds
have stained spring's tunic purple.

The young people
who love them
and who fight
to give them back
their dignity of offended gods
belong
to the highest class
of society.

Si el frío fuera una casa
con heno, niño y misterio

El frío
tiene
los ademanes suaves
pero
sus claros pies de agua dormida
no entran
en las habitaciones de los poderosos.

Penetra
en las chozas
con la tranquilidad de los dueños
y abraza la belleza de los niños.

Los desheredados
dudan
de esas delicadas actitudes
y esperan la tibieza—se diría calor humano—
temblando como ovejas en peligro.

Su poderío aniquila los castillos de arena
habitados por sirenas y a los inválidos
que en los días de ventisca
no poseen abrigo alguno.

Los caballos salvajes
galopan hacia el mar
cuando sus instintos
perciben
los movimientos
de su profundo corazón de nieve.

If Cold Were a House with Hay,
a Child, and Mystery

The cold
has genteel ways
but
her pale feet of peaceful water
do not enter
the habitations of the mighty.

She enters huts
with the owners' resignation
and embraces the beauty of children.

The disinherited distrust
these delicate attitudes
and await the tepidness—one ought to say the warmth of
                                    human charity—
trembling like terrified sheep.

Her power smashes sandcastles where mermaids live
and stiffens invalids
who walk in blizzards
without coats.

Wild horses gallop to the sea
when their instincts
detect the movements
of her profound heart of snow.

Los peldaños que faltan

Nuestros hijos
ven
la ruina acumulada de las ciudades.

Tocan el velo extendido en las barriadas.

Meditan
en los choques que producen las caídas
de las golondrinas
que ya no distinguen los hilos telegráficos.

Se contemplan dentro del diario espejo sucio
que nadie advierte.

Aprenden con los moribundos
a contar los peldaños que faltan a la vida.

Y crecen sin asombro.

The Steps Remaining

Our children
see
the heaped-up rubble of the cities.

They touch the veil that hangs over the slums.

They brood
about the fate
of swallows that fall
because they can't see the telegraph wires.

They look at themselves daily in the dirty mirror
that no one notices.

They learn
with the dying
to count the steps remaining in their lives.

And they grow up unamazed.

La casa de la justicia

Entré
en la Casa de la Justicia
de mi país
y comprobé
que es un templo
de encantadores de serpientes.

Dentro
se está
como en espera
de alguien
que no existe.

Temibles
abogados
perfeccionan el día y su azul dentellada.

Jueces sombríos
hablan de pureza
con palabras
que han adquirido
el brillo
de un arma blanca. Las víctimas—en contenido espacio—
miden el terror de un solo golpe.

Y todo
se consuma
bajo esa sensación de ternura que produce el dinero.

The House of Justice

I entered
the House of Justice
of my country
and discovered
a temple
of snake charmers.

People go there
looking for someone
who does not exist.

Fearsome attorneys
perfect the day
and test the swiftness of their blue teeth.

Somber judges
speak of purity
in words that have acquired
the shimmer
of a sword. Their victims—in a confined space—
measure the terror of a single blow.

It all happens
with the tender feeling
money can arouse.

La ciudad de los niños mendigos

¿De dónde vienen estos niños mendigos
y qué fuerzas multiplican sus harapos?

¿Qué humano no ha sentido
en el sitio del corazón
esos dedos picoteados
por degradantes pájaros de cobre?

¿Quién no se ha detenido
a mirarles los huesos
y no escuchó sus voces de humilladas campanas?

Que no haya niños mendigos disminuidos en las puertas,
golpeados
por la bruma de los cementerios,
muro blanco de las ciudades.

Que haya niños que posean juguetes,
pan
y luceros debajo de sus zapatos.

Que en el patio de la escuela
capturen alegremente
los insectos en el césped.

Que habiten en sus mundos
entre sus propios seres y sus cosas.

The City of Beggar Children

Where do the beggar children come from,
what forces multiply their rags?

Whose heart has never felt those fingers
pecked
by birds with copper beaks?

Who hasn't stopped to see their bones
and hear their voices
pleading like humiliated bells?

Let there be no beggar children dwarfed in doorways,
chilled by cemetery mist,
pale wall of the city.

Let there be children with toys,
bread
and stars beneath their shoes.

Let them play in the school yard
and catch insects in the grass.

Let them live in their own worlds
among the beings and the things they love.

La realidad

Llueve. Cruje
la realidad.

(En las grandes ciudades
los bosques
y las bellas amas de casa bajo la lluvia
son dos cuerpos hermosos.)

Algo
se rompe
dentro del hombre
que ha caminado demasiado solo.

Llueve. El espejo es idéntico.
Alguien me dice: es cierto,
nosotros no tenemos esperanza.

Reality

It's raining. Reality
creaks.

(In big cities
forests
and lovely housewives in the rain
are two beautiful bodics.)

Something snaps
inside a man
who travels too far alone.

It's raining. The mirror hasn't changed.
Someone says: it's true,
there is no hope for us.

El otro océano

Los desposeídos heredaron las oscuridades,
los vientos atados de pies y manos.

El origen les llama.
Recorren con ojos dulces cuanto no tienen.
En las noches recuerdan los hechos y palabras de los justos.

Continuamente extienden
sus propias multitudes
alrededor de aquéllos
que hicieron de la Tierra un caserón cerrado,
donde son varios los peligros
a que está expuesta la mansedumbre de la paloma,
que en vano intenta luchar
contra la soledad y su serpiente bíblica.

Los desposeídos forman otro océano:
un océano con brazos sin descanso,
con fondos sosegados de muchísima espuma contenida.

Están ahí…
con la simplicidad de una fuerza mayor.

The Other Ocean

The dispossessed inherit darknesses,
winds shackled hand and foot.

The voice of origin is calling them.
They gaze with gentle eyes
on all they do not have.
At nightfall they recall
the words and deeds of the just.

Their multitudes expand in endless rings
around those who've made the world a walled enclave
where harm awaits the dove
that battles solitude
and its biblical serpent.

The dispossessed are another ocean:
a sea with never-resting arms
and infinite depths of quiet, pent-up foam.

They are there...
with the simplicity of a major force.

La igualdad

He estado repetidas veces en los cementerios.

He tocado los ángeles
que vigilan a los poetas caídos.

He leído
las inscripciones grabadas en placas de oro inútil.

He observado largamente
las complicadas capillas
de las familias chinas.

Me he detenido junto a las tumbas anónimas
pobladas de insectos y de yerbas
que hacen recordar las cosas naturales y sencillas.

Quizá, me he dicho,
las lápidas de los soberbios
no poseen la gracia del tallo de una flor.

Los cementerios se abren como el mar
y nos reciben.

Definitivamente
los vivos no podrán destruir
la perfecta igualdad de los muertos.

Equality

I often go to cemeteries.

I touch the angels
who watch over poets.

I read the inscriptions
engraved on plaques of useless gold

and carefully observe
the intricate chapels
of Chinese families.

I stop beside the unmarked graves,
home of plants and insects that remind me
of simple, natural things.

Perhaps, I've told myself,
the tombstones of the proud
don't have the beauty of a flower stem.

Cemeteries open like the sea
and take us in.

It's clear,
the living can't destroy
the perfect equality of the dead.

Las voces no escuchadas de los ricos

Somos y hemos sido los mismos.

Nunca sabemos
lo que necesitamos de este mundo,
pero
tenemos sed—mar de extremos dorados—el agua
no se diferencia
de una muchedumbre
extraviada
dentro de un espejismo.

Hemos quebrado a los más fuertes.
Hemos enterrado a los débiles en las nubes.
Hemos inclinado la balanza del lado de la noche,
y a pesar de los azotes recibidos
permanecemos en el templo.

Muy pocos
entienden
el laberinto de nuestro sueño.

Y somos uno.

The Unheeded Voices of the Rich

We have always been exactly the same.

We never know what we might need from this world,
but
we are thirsty for a sea of golden shores—water
not unlike
a multitude
trapped
in a mirage.

We have crushed the strong.
The weak we have buried in the clouds.
We have tipped the scale toward night,
and despite the lashes we received
we remain in the temple.

Few
understand
the multiple mazes of our dreams.

And we are one.

Los indios

Los indios
bajan
por continuos laberintos
con su vacío a cuestas.

En el pasado
fueron guerreros sobre todas las cosas.
Levantaron columnas al fuego
y a las lluvias de puños negros
que someten los frutos a la tierra.

En los teatros de sus ciudades de colores
lucieron vestiduras
y diademas
y máscaras doradas
traídas de lejanos imperios enemigos.

Calcularon el tiempo
con precisión numérica.
Dieron de beber oro líquido
a sus conquistadores,
y entendieron el cielo
como una flor pequeña.

En nuestros días
aran y siembran el suelo
lo mismo que en edades primitivas.
Sus mujeres modelan las piedras del campo
y el barro, o tejen
mientras el viento
desordena sus duras cabelleras de diosas.

The Indians

The Indians
file
through endless labyrinths
bearing their emptiness
on their backs.

Once they were warriors and lords of all.
They raised monuments to fire
and to the black-fisted rains
that put fruit into the soil.

In the theaters of their many-colored cities
they wore garments,
diadems
and masks of gold
imported from distant rival empires.

They calculated time
with numerical precision.
They made their conquerors
drink molten gold
and understood the firmament
as a tiny flower.

In our day
they plow and sow
in the ancient way.
Their women sculpt stones
and shape clay or weave
while the wind
ruffles their hair, thick and hard
like that of goddesses.

Los he visto sin zapatos y casi desnudos,
en grupos
al cuidado de voces tendidas como látigos,
o borrachos balanceándose con los charcos del ocaso
de regreso a sus cabañas
situadas en el final de los olvidos.

Les he hablado en sus refugios
allá en los montes protegidos por ídolos
donde ellos son alegres como ciervos,
pero quietos y hondos
como los prisioneros.

He sentido sus rostros
golpearme los ojos hasta la última luz,
y he descubierto así
que mi poder no tiene
ni validez ni fuerza.

Junto a sus pies
destruidos por todos los caminos,
dejo mi sangre
escrita en un oscuro ramo.

I have seen them in groups,
barefoot and almost nude,
controlled by voices that sting like whips,
or drunk, weaving between sunset puddles
to reach their huts perched on the brink
of oblivion.

I have spoken to them in their refuges
on mountains protected by their gods
where they were as happy as deer
but quiet and deep
like prisoners.

I have felt their faces strike my eyes
until the final light
and understood at last
that my power has neither strength
nor relevance.

At their feet
wounded by the roads
I leave my blood
written on dark flowers.

Mi padre

De allá de Cuscatlán de sur anclado
vino mi padre
con despeñados lagos en los dedos.

El conoció lo dulce del límite que llama.
Amaba los inviernos,
la mañana,
las olas.

Trabajó sin palabras
por darnos pan y libros
y así jugó a los naipes vacilantes del hambre.

No sé cómo en su pecho
se sostenía un astro
ni cómo lo cuidó de las pedradas.

Sólo sé que esta tierra
constructora de pinos
lo humilló simplemente.

Por eso se alejaba
(de música orillado)
hacia donde se astillan crepúsculo y velero.

Miradle, sí, miradle
que trae para el hijo
gaviota
y redes de aire.

My Father

I

My father came from Cuscatlán
in the anchored south,
lakes cascading
from his fingers.

He knew the sweetness of the beckoning horizon.
He loved winters,
mornings,
waves.

He worked without a word
to give us bread and books
playing the hesitant cards of hunger.

I don't know
how he kept a star alive in his heart
or how he protected it from flying stones.

I only know this land
maker of pines
felled him.

He had to go away
(bereft of music)
to where the sailboats splinter against dusk.

Look at him, look
he brings his son a gull
and nets of air.

Mi puerta toca y dice: *buenos días.*
Miradle, sí, miradle
que viene ensangrentado.

Después
los hospitales
y médicos inmensos vigilando la escarcha.
Su traje y desamparo combatiendo el espanto.
Sus pulmones azules,
la poesía
y mi nada.

Un día sin principio cayó en absurda yerba.

Su brazo campesino
borró espejos
y rostros
y chozas
y comarcas,
y los trenes del tiempo
en humo inalcanzable se llevaron su nombre.

Nueve le dimos tierra.
Aún oigo los pasos
de asfalto,
ruina y viento.
Las campanas huyendo
y el golpe de la caja que derribó el ocaso.

Yo no hubiera querido regresarme
y dejarlo inmensamente solo.

Frente al agua del agua,
padre mío,
¿qué límites te llaman?

He knocks at my door and says: *good morning,*
Look at him, look,
he is smeared with blood.

Afterward
the hospitals
and enormous doctors monitoring the frost.
His work clothes and his helplessness
battling fear.
His blue lungs,
poetry
and my nothingness.

On a day with no beginning he fell on absurd grass.

His peasant arm
erased mirrors
faces
shacks
and villages;
and the trains of time
carried his name away in a trail of unreachable smoke.

Nine of us gave him to the earth.
I still hear our steps
of asphalt, grief and wind,
the fading bells
and the coffin's thud shattering the sunset.

I hated to go home, to leave him
so immensely alone.

Standing by the waters of waters,
father,
what horizons call to you?

Mi niño bueno, dime,
¿qué mano pudo hacerlo?

Dejadle.
Así dejadle: que nadie ya lo toque.

II

Quien creó la existencia
calculó la medida del sepulcro.
Quien hizo la fortuna hizo la ruina.
Quien anudó los lazos del amor
dispuso las espinas.

El astro no descubre su destello.
Ignora el pez el círculo del astro.
Se halla solo el viajero
en su deseo
de llegar a la cruz del horizonte.

Es lenta la partida y el sendero lento.
La luz
se borra en la extensión
y el Universo en lo que no se sabe.

Caen las rotas hojas de los árboles.
El hombre—maniatado en sus orígenes—
se encamina
hacia un claustro sin llave ni salida.

Mi padre
tenía la delgadez en sombra
del cristal en el pecho;
cuando hablaba, a la hora de la espesura,
se volvían sus labios inmortales.

Tell me, good son,
what hand could do this?

Leave him.
Let him be: let no one touch him any more.

II

Who created life
measured off the grave.
Who created fortune crafted grief.
Who tied the bonds of love
ordained the thorns.

The star can't see its radiance.
Fish don't know the orbit of the star.
The traveler
straining
toward the cross on the horizon
knows only solitude.

Departure is delayed and travel, slow.
Light dissipates in space
and the Universe, in what we do not know.

Ragged leaves fall from the trees.
Humanity—handcuffed from birth—
marches to a cell with neither key nor door.

My father
had in his breast
the shadowed slenderness of glass;
when he spoke in a dark hour
his lips became immortal.

Sin su decidida bondad
no existiría
para mí esa calma y su ojo de pájaro en reposo.
La pobreza sería una divinidad indigna.

Alegraré lo triste de los días.
Seré un grano de arena o una yerba.
Saludaré
como antes
las arañas de luces que cuelgan de la esfera,
todo ello
para tocar sus hombros,
porque,
¿qué hubiera sido de mí, niño como era,
de no haber recibido
la rosa diaria
que él tejía con su hilo más tierno?

Vienen a mi memoria
sin que pueda evitarlo
las ciudadelas que recorrimos juntos;
el griterío de la gente
ante la pólvora y sus golpes en el aire;
los íconos custodiados de cerca
por la astucia de los frailes de pueblo.
O los sucesos de aquel puerto: el mar, me acuerdo,
vestido de negro abandonó la orilla.
Al fondo
se erguía la presencia del hielo martillo en alto;
en ese entonces, padre,
padeciste en tu carne el dolor del planeta.

El agua
ha dispuesto
sus muebles de lujo en el césped.
Los frutos están bajos para todas las bocas.

Without his deliberate goodness
my calm and its eye of roosting bird
would not exist.
Poverty would be an unworthy god.

I will brighten the sadness of days,
become a grain of sand or a weed,
greet as before
the shining lamps suspended from the sky.
All this,
just to touch his shoulders,
for what would have become of me, young as I was,
if I had not received
the daily rose he wove
with his tenderest thread?

The towns we roamed together
come to mind; I recall
how people shouted after the fireworks, punching the air,
and how the clever priests kept the icons safe.
Or the events in that port: the sea, I remember,
dressed herself in black and left the shore;
ice rose to her full height,
hammer poised.
At that moment, father,
you suffered in your flesh
the planet's pain.

The water has arranged
its elegant furniture on the lawn.
Fruits hang low enough for every mouth.

El estaría ahora tratando de alcanzarlos
reflejados en el río. O vendría a buscarme
y me diría: *no me dejes. Soy un viejo ya.*
Tienes que volver a mi lado. Ayer
escribí una carta a tu madre. Sabes,
cuando oigo los gritos
de los pájaros del lugar,
siento que algo
me une más a ella.

Caminaba
—doy mi testimonio—
del brazo de fantasmas
que lo llevaron a ninguna parte.
Caía
abandono abajo, cada vez más abajo,
más abajo
con ayes sin sonido
repitiendo ruidos no aprendidos,
buscando continuamente
el encuentro con los arrullos dentro de la apariencia.

Queda el eco en el muro.
Subsisten
los aullidos del ultrajado.
La sangre del cordero
no la limpia el curso de la fuente:
se adhiere en la piel de los verdugos,
y cuando ellos abren sus roperos
surge su mano nunca concluida.

No.
Para ellos no habrá quietud posible.
El humo de las hogueras apagadas
eleva sus copas acusadoras.

He would be trying to reach them now,
reflected in the river. Or he would come to me
and say: *don't leave me. I have grown very old.*
You must stay by my side. Yesterday
I wrote a letter to your mother. You know,
when I hear the bird calls of this place
I feel that something
brings me close to her.

He was walking—
I swear it—
arm in arm with ghosts
leading him nowhere.
He was falling
into abandonment, deeper and deeper,
deeper still,
uttering silent moans,
repeating unlearned sounds
trying to find a lullaby
within appearances.

The echo remains within the wall.
The howls of the tormented
are still heard.
The blood of the lamb
is not washed away by the fountain
but sticks to the skin of the executioners,
and when they open their closets
an undead hand appears.

No.
For them no peace is possible —
the smoke of smothered pyres
rises to accuse them.

En sus refugios hallarán un tiempo de duda.
En sus lechos
estará esperándoles
la rapidez del áspid.

No.
Para ustedes
no habrá tregua
ni perdón.

En este mismo sitio
me habló de la ventisca
que azota sin descanso los asilos,
de su amor a los árboles en medio del silencio.

Hoy
que no vamos juntos
me siento entre desconocidos
que esquivan la mirada.

Hoy
que no está en mi mesa
compartiendo mi turbio vaso de agua
debo estar más solo de lo que imagino.
La lluvia en el cementerio
se convierte
en una catedral extraída de la plata.
Dentro, en los altares,
viudas de blanco
rezan cabizbajas.

Lejos
se oyen
las voces
de un coro que no existe.

In their homes they will be visited by doubt;
the swiftness of the asp
awaits them in their beds.

No.
Sirs,
for you
there is neither truce
nor pardon.

In this same place
he spoke of the blizzard
that howls outside asylums
and of his love for trees in silent places.

Now that we no longer walk together
I feel I am with strangers
who won't look me in the eye.

Now that he is no longer at my table
sharing my cloudy glass of water
he must be lonelier than I can imagine.
 The rain in the cemetery
has become
a cathedral of spun silver.
Inside
widows dressed in white
are praying at the altars
and their heads are bowed.

In the distance
the voices
of a nonexistent chorus.

Me llevas de la mano
como lo hacías antes.
Entramos en la única casa
que ha quedado en pie
después de la destrucción del día.
Cruzamos avenidas
que conducen a un mundo derrumbado.
Creemos escuchar una canción.
Volvemos: tú alto y yo pequeño,
pequeñito, para no hacerte daño.

Señalas la distancia.
Te quitas el pan de la boca
para salvarme un poco,
papá,
yo pienso que vives todavía.

De aquí partió y reposa bajo tierra.
Aún me duele el esfuerzo último de sus brazos.

You take me by the hand
as you used to.
We enter the only house
that remains standing
after the destruction of the day.
We cross avenues
leading to a ruined world.
We think we hear a song.
We turn: you tall, I small,
very small, so as not to hurt you.

You indicate the distance with your hand.
You take the bread from your mouth
to save me a bit;
papa,
I think you're still alive.

He left this place and rests beneath the earth.
I ache, still, from the last effort of his arms.

Piano vacío

Si acaso
deciden
buscarme,
me encontrarán
afinando mi caja de música.

Podrán
oír entonces
la canción que he repetido
a boca de los anocheceres: ustedes
destruyeron
cuidadosamente
mi patria y escribieron su nombre en libros secretos.
A nosotros
nos transformaron en espantapájaros.

Si acaso
deciden
buscarme,
estaré esperándolos
junto a mi silencio de piano vacío.

Empty Piano

If by chance
you want
to find me,
I'll be here
tuning my music box.

Then you can hear
the song I sing
each night: you
have meticulously destroyed my country
and written its name in secret books.
You have made our citizens
into scarecrows.

If by chance
you want
to find me
I'll be waiting for you

beside the silence of my empty piano.

UN MUNDO PARA TODOS DIVIDIDO

A WORLD FOR ALL, DIVIDED

Esta luz que suscribo

Esto que escribo
nace
de mis viajes a las inmovilidades del pasado. De la seducción
que me causa la ondulación del fuego
igual
que a los primeros hombres que lo vieron y lo sometieron
a la mansedumbre de una lámpara. De la fuente
en donde la Muerte encontró el secreto de su eterna juventud.

De conmoverme
por los cortísimos gritos decapitados
que emiten los animales endebles a medio morir. Del amor
                                                    consumado.
Desde la misma lástima, me viene.

Del hielo que circula por las oscuridades
que ciertas personas echan por la boca sobre mi nombre. Del
                                                    centro
del escarnio y de la indignación. Desde la circunstancia
de mi gran compromiso vive como es posible
esta luz que suscribo.

This Light by which I Write

What I write
is born
of my journeys to fixed points of the past. Of the leaping
flame that lures me
as it did
the first men to see and tame it
to the meekness of a lamp. It flows from the spring
where death found the secret of eternal youth.

From my pang at the faint decapitated cries
of frail animals about to die. From consummated love.
Of grieving it is born.

Of the icy filth spewed out of mouths
upon my name. Of the depths
of scorn and rage. From my enduring oath
this light by which I write
somehow survives.

Arte espacial

Llevo conmigo un abatido búho.

En los escombros levanté mi casa.
Dije
mi pensamiento a hombres de imágenes impúdicas.

En la extensión me inclino hecho paisaje, y siento,
vuelta música, la sombra de una amante sepultada.

Dentro de mí se abre el espacio
de un mundo para todos dividido.

Estos versos devuelven lo que ya he recibido:
un mar de fondo,
las curvas del anzuelo,
el coletazo de un pez ahogado en sangre,
los feroces silbidos enterrados, la forma
que adoptó la cuchillada, el terror congelado entre mis dedos.

Comprendo que la rosa no cabe en la escritura.

En una cuerda bailo hasta el amanecer
temiendo—cada instante—la breve melodía de un tropiezo.

Spatial Art

I carry with me a defeated owl.

I've built my house on rubble,
confided my thought to men of lewd report.

I lie down on the ground and become part of the earth,
hearing music,
shadow of a buried love.

Inside me yawns the space
of a world for all, divided.

These verses return what I received:
a sea of complicity,
the curves of a hook,
the flailing of a fish half-drowned in blood,
ferocious hisses from beneath the sand, the shape
taken by the stab wound, fear frozen in my hand.

I know the rose is not contained in script.

I dance on a wire till dawn
fearing—every instant—the brief melody of a misstep.

La arena del desierto que comparto con otros

Unido a mis afectos, a sus bordes,
supongo
que conservo el horizonte,
las necesarias pausas de mi ritmo.

Cuento—sin un error, porque de la exactitud
depende mi vida—la arena del desierto
que comparto con otros en mi extraño té del atardecer.

Recibo
con ánimo cobarde la última noticia
sobre aquella amenaza
de la que nadie habla sin avergonzarse.

En vano trato de salvarme: la arena sube
justo
hasta el sitio del cuello.

De pie, teóricamente vivo, imagino que avanzo.

The Desert Sand I Share with Others

Clinging to my feelings, to their edges,
I believe
I can preserve the horizon,
the necessary pauses in my rhythm.

I count—without error, because my life depends
on absolute precision—the desert sand
I share with others at my strange afternoon tea.

I receive
like a coward
the latest news of the danger
of no one being able to speak without shame.

In vain I try to save myself: the sand comes up
exactly
to the level of my neck.

Standing, theoretically alive, I imagine I advance.

Proximidad

A Luis Jiménez Martos y Miguel Angel Ruiz Matute

Llego.
Caen mis llaves.
Vuelvo.

Estoy lejano ahora, tan lejano.
Digo
en voz baja el nombre de un ser querido
lleno de la debilidad de una paloma en reposo,
y tiemblo.

Sufro porque no puedo
multiplicar los panes;
por lo vivido y por lo que no escribo
profundamente sufro.

Se
divide mi altura.
Mido
el tamaño de los empellones,
el tiempo del agua acobardada y mi propia caída.

Llego. Y regreso siempre en dos pedazos.

Proximity

To Luis Jiménez Martos and Miguel Angel Ruiz Matute

I arrive.
My keys fall to the ground.
I have returned.

I'm distant now. So distant.

Softly I repeat a loved one's name
and my veins fill with the weakness of a perched dove
and I tremble.

I ache
not to be able to multiply the loaves
and for what I know but do not write
I ache profoundly.

I break
in half.
I calculate
the force of the blows,
the time, the water of cringing,
and my own fall.

I arrive. And I leave, as always, cut in two.

La batalla oscura

He vuelto.
El caserío se desploma y flota su nombre
solamente.

Beso la tarde como quien besa una mujer dormida.

Los amigos
se acercan con un rumor de infancia en cada frase.

Las muchachas
pronuncian mi nombre y yo admiro sus bocas con animal
ternura.

Levanto una piedra como quien alza un ramo
sin otro afán que la amistad segura.

La realidad sonríe
tal vez
porque
algo
he inventado en esta historia. He vuelto, es cierto,
pero nadie me mira ni me habla, y si lo hacen
escucho una batalla de palabras oscuras entre dientes.

(Las brasas del hogar amplían los rincones
y doran las tijeras del día que se cierra.)

Un esfuerzo violáceo
contiene mi garganta.

The Dark Battle

I've come back.
The village is falling. Nothing is left standing
but its name.

I kiss the afternoon as if it were a sleeping woman.

Friends
approach, childhood sounds in every phrase.

Girls
say my name and I admire their mouths with animal
                                                    tenderness.

I lift a stone as one lifts a bunch of flowers,
nothing but friendship in my heart.

Reality smiles,
perhaps
because
something in this story
is my own invention. I've come back, it's true,
but no one looks me in the eye or speaks to me, and if they do
I hear a battle of dark words behind clenched teeth.

(Firelight extends the corners of the room
and gilds the scissors of the closing day.)

A purplish spasm
stops my throat.

Canción para un gato muerto

Era casi de música. Todo el color del cielo
se anudaba a su cola.

Murió difícilmente.

Imploraba mi ayuda llamándome, carcomido por la sombra,
con sus verticales lucecitas felinas,
alejándose fijo entre la llovizna de la agonía.

Y fino hasta el abismo, para no herir a nadie
con el roce de sus despojos, el pobre animalito
murió a solas vaciado en la penumbra.

Song for a Dead Cat

He was almost music. All the color of the sky
was ribboned to his tail.

It was a difficult death.

With his vertical feline lights, he asked for help, calling me,
ravaged by the shadow.
He was drifting away, fixed beneath the drizzle of his agony.

His kindness reached to edge of the abyss; not wanting to
                                        cause pain
by a brush with his remains, the small animal
died alone, emptied out into the waiting night.

Dibujo a pulso

A como dé lugar pudren al hombre en vida,
le dibujan a pulso
las amplias palideces de los asesinados
y lo encierran en el infinito.

Por eso
he decidido—dulcemente—
        —mortalmente—
construir
con todas mis canciones
un puente interminable hacia la dignidad, para que pasen,
uno por uno,
los hombres humillados de la Tierra.

Freehand Sketch

One way or another they make us rot
while still alive.
The pallor of the dead and disappeared
captures our likeness,
traps us in infinity.

That is why
I have decided—quietly
        —mortally

to make with all my songs
an endless bridge
where, one by one,
the dispossessed can walk toward dignity.

Los elegidos de la violencia

No es fácil reconocer la alegría
después de contener el llanto mucho tiempo.

El sonido de los balazos
puede encontrar de súbito
el sitio de la intimidad. El cielo aterroriza
con sus cuencas vacías. Los pájaros pueden alojar la delgadez
de la violencia entre patas y pico. La guerra fría
tiende su mano azul y mata.

La niñez, aquella de los cuidados cabellos de vidrio,
no la hemos conocido. Nosotros nunca hemos sido niños.
El horror
asumió su papel de padre frío. Conocemos su fuerza
con lentitud de asfixia. Conocemos su rostro
línea por línea,
gesto por gesto,
cólera por cólera. Y aunque desde las colinas admiramos el
                                                    mar
tendido en la maleza, adolescente el blanco oleaje,
nuestra niñez se destrozó en la trampa
que prepararon nuestros mayores.

Hace ya muchos años
la alegría
se quebró el pie derecho y un hombro,
y posiblemente ya no se levante,
la pobre.

Mirad.
Miradla cuidadosamente.

The Chosen Ones

It is not easy to recognize joy
when you've had to hold back tears too long a time.

The sound of shots
can suddenly invade
an intimate place. The sky
can terrorize
with its empty sockets.
Birds can conceal the slender frame
of violence between claws and beak. War
extends its cold blue hand and kills.

We have not known that childhood of carefully combed glass hair.
We have never been children.
For us, horror played the role
of father. We know its exquisitely slow power
to asphyxiate. We know its face
line by line,
gesture by gesture,
fury by fury. And even though from hilltops we admired the
                                                        sea
rippling through grass in creamy adolescent waves,
our childhood was destroyed in the trap
our elders had prepared.

Long ago
joy
broke its right foot and a shoulder
and may not rise again,
poor thing.

Look.
Look at her carefully.

La muerte otra

Ellos, los enemigos nuestros de cada día,
vendrán inesperadamente.
Tres veces llamarán con firmes golpes. Tengo
el presentimiento del eco duplicado
de sus pasos
calmados.

(Pesan en el ambiente las desgracias, olfateadas
por los perros del barrio empujados al fondo,
llenos de agua los ojos.)

Son ellos, los enviados que se abren brutalmente,
los desiguales
distribuidores
de la muerte inventada que pasan en silencio
y que un día vendrán.

Mi mujer extrañará los arcos de mis nervios
y mis hijos se inquietarán, enmudecidos
por la idea de la humedad y por la suerte
de las aves soledosas paradas en los vértices.

That Other Death

They, our daily enemies,
will arrive without warning.
They will knock three times with firm blows. I hear it now,
the double echo
of unhurried steps.

(Fear
—the neighborhood dogs,
their eyes full of water, can smell it—
hangs heavy in the air.)

It's them, the brutal emissaries,
inequitable
distributors
of ready-made death,
quietly coming and going
until, one day, they stop here.

My wife will miss the spiral of my nerves
and my children will fall silent, wondering
about the dampness and about solitary birds
that perch on peaks.

La hora baja

Eran los años primeros.

Cruzábamos entonces la existencia
entre
lineales zumbidos,
difuntos calumniados
y ríos poseedores de márgenes secretas. Eramos
los vagabundos hermanos
de los canes sin dueño,
cazadores de insectos,
guerreros inmortales,
no distinguíamos un ala
del cuerpo de una niña.

Dando vueltas y cambios crecimos duramente.

De nosotros
se levantaron
los jueces de dos caras; los perseguidores
de cien ojos, veloces en la bruma y alegres
consumidores de distancias; los delatores fáciles;
los verdugos sedientos de púrpura; los falsos testigos
creadores de la gráfica del humo; los pacientes
hacedores de nocturnos cuchillos.

Algunos dijeron: *es el destino
que nos fue asignado,* y huyeron
dejando la noche enterrada. Otros
prefirieron encerrarse entre cuatro paredes sin principio ni fin.

Qualms

Our early years...

We passed through existence
amid whistling lines of bullets,
slandered cadavers,
and rivers with secret shores. We were
vagabond brothers
of stray dogs,
hunters of insects,
immortal warriors of myth
who did not distinguish between a wing
and the body of a girl.

Knocking about, kicked around and around, we grew up hard.

From our ranks came
two-faced judges; hundred-eyed pursuers
who eagerly devoured the road, swift in the mist;
easy snitches;
executioners thirsting for purple;
false witnesses, inventors of smoke writing;
and patient artisans
of nocturnal knives.

Some said: *this is the fate*
that was in our stars, and fled,
burying the night. Others
shut themselves up within four walls that neither begin nor end.

Pero todos nosotros—a cierta hora—recorremos
la callejuela de nuestro pasado
de donde volvemos
con los cabellos tintos en sangre.

But all of us—at a certain hour —prowl
the alley of our past
and return,
our hair stained with blood.

El aire que nos queda

Sobre las salas y ventanas sombreadas de abandono.
Sobre la huida de la primavera, ayer mismo ahogada
en un vaso de agua.
Sobre la viejísima melancolía (tejida
y destejida largamente) hija
de las grandes traiciones hechas a nuestros padres y abuelos:
estamos solos.

Sobre las sensaciones de vacío bajo los pies.
Sobre los pasadizos inclinados que el miedo y la duda
edifican.

Sobre la tierra de nadie de la Historia: estamos solos,
sin mundo,
desnudo al rojo vivo el barro que nos cubre, estrecho
en sus dos lados el aire que nos queda todavía.

The Air We Have Left

Above parlors and windows dimmed by neglect.
Above the passing of spring, drowned yesterday
in a glass of water.
Above an ancient sadness (endlessly raveled
and rewoven) born
of betrayals of our parents and their parents' parents:
we are alone.

Above the sensation of emptiness beneath our feet.
Above the steep passageways
doubt and fear concoct.

Above the no-man's-land of History: we're alone,
without a world;
bare to blood-red the clay that covers us, narrow
on both sides the air we have left.

La yerba cortada por los campesinos

Cuántas veces nos ha parecido
que lo más importante de nuestras vidas
es el vuelo de las abejas que precede a las colegialas
que retornan de las aulas, pensando en nada,
felices como peces.

Y cuántas veces hemos razonado
que la rebeldía contra un sistema de cosas
impuesto
a través
de asesinos alquilados
investidos
de infinitos poderes,
nos dignifica.

En nuestra segunda inocencia hemos imaginado
que alguien nos llama
desde un lugar hermoso parecido al mar, y que la voz
viene de la garganta de esa mujer delgada que esperamos en
vano;
o que nos llama el amigo de infancia, aquél
cuyo padre comía tinieblas en los días difíciles.

Y cuántas veces al hablar de nuestra verdad
hemos creído
hablar de la verdad que interesa a las grandes mayorías,
y nos hemos sentido emocionados por ello porque sabemos
que el líquido de la verdad altera el pulso y envía una carga
no acostumbrada al corazón, que puede convertirse de este
modo
en una suerte de Esfinge sin enigmas.

Y así, creemos vivir aproximándonos a lo perfecto.

The Grass the Peasants Cut

How often we have thought
the most important thing in life
is the halo of bees
above the heads of schoolgirls walking home,
thinking of nothing,
happy as fish.

And how often we have felt
that rebelling against a system
imposed
by hired assassins
with infinite power
lends us dignity.

In our second innocence we imagined
that a voice was calling us
from a beautiful place much like the sea, and that the voice
came from the slender woman
we had waited for in vain;
or that a childhood friend was calling
whose father swallowed darkness in the difficult days.

And how often we have thought our truth to be
   the truth that matters to the multitudes, and were moved by
                                                      this,
knowing that the liquid of truth
fires the pulse and can transform the heart
into a kind of Sphinx without enigmas.

And so we think we're moving toward perfection.

En realidad
sólo
lo que hace el hombre
por enaltecer al hombre es trascendente.

La yerba cortada por los campesinos es igual a una
constelación.
Una constelación es igual a una piedra preciosa,
pero el cansancio de los campesinos que cortaron la yerba
es superior al Universo.

Demostrar los hechos mezclados con las lentitudes
de un fuego que no conocemos, y quemar incienso a las
                                        buenas gentes,
ayuda a vivir,
ayuda a bien morir.

In reality,
only what man does to honor man
transcends.

The grass cut by the peasants equals a constellation.
A constellation is equal to a gem,
but the weariness of the peasants who cut the grass
outweighs the Universe.

To reveal the truth with the slowness of an unknown fire, and
to burn incense to good people
helps us live,
helps us die a good death.

Malignos bailarines sin cabeza

Aquellos de nosotros
que siendo hijos y nietos
de honestísimos hombres del campo
cien veces
negaron sus orígenes
antes y después
del canto de los gallos.
Aquellos de nosotros
que aprendieron de los lobos
las vueltas
del aullido y el asecho,
y que a las crueldades adquiridas
agregaron
los refinamientos de la perversidad
extraídos
de las cavidades de los lamentos.
Y aquellos de nosotros
que compartieron (y comparten)
la mesa
y el lecho
con heladas bestias velludas destructoras
de la patria, y que mintieron o callaron
a la hora de la verdad, vosotros,
—solamente vosotros, malignos bailarines sin cabeza—
un día valdréis menos que una botella quebrada
arrojada
al fondo de un cráter de la Luna.

Wicked Headless Dancers

You
children and grandchildren
of honest country folk
who denied your origins a hundred times
before the cock crew
You
who learned from wolves
sinister ways
of howling and pouncing
and added to your repertoire of torture
refinements of perversity
extracted from the cavities of moans
You
who shared (and share)
your tables
and your beds
with cold hairy beasts who destroy the image of our country
You
who lied or held your tongues at the hour of truth
You
—and you alone, wicked headless dancers—
will one day be worth less
than a broken bottle
hurled
to the bottom of a crater of the moon.

Las sales enigmáticas

Los Generales compran, interpretan y reparten
la palabra y el silencio.

Son rígidos y firmes
como las negras alturas. Sus mansiones
ocupan
dos terceras partes de sangre y una de soledad,
y desde allí, sin hacer movimientos, gobiernan
los hilos
anudados a sensibilísimos mastines
con dentadura de oro y humana apariencia, y combinan,
nadie lo ignora, las sales enigmáticas
de la *orden superior* mientras se hinchan
sus inaudibles anillos poderosos.

Los Generales son dueños y señores
de códigos, vidas y haciendas, y miembros respetados
de la Santa Iglesia Católica, Apostólica y Romana.

The Enigmatic Salts

The Generals buy, interpret and distribute
words and silence.

They are rigid and firm
like moonless heights. Their mansions.
are made
of two parts blood and one part solitude,
and from them, without moving, they control
the wires
attached to very sensitive mastiffs
with golden teeth and a human appearance. They concoct,
as is well known, the enigmatic salts
of the *superior command*
while their inaudible powerful coils
swell.

The Generals are lords and masters
of codes, lives and fortunes, and are respected members
of the Holy Roman Catholic and Apostolic Church.

El vértice más alto

No enseñaremos a las nuevas generaciones
que la Luna
es una dama
de boca casi adolescente.

No edificaremos nuestra casa sobre la arena, porque las lluvias
y el ímpetu del viento, explican los textos antiguos,
la desplomarán; de igual manera
desconfiaremos
de las palabras de los falsificadores del sentir popular,
porque sus cantos de sirena
nos conducirán
a un dominio pleno de incesantes cuerdas mortales.

No fabricaremos placer con el terror que sufre el payaso
a causa
de las dificultades que para él representa
subir
al vértice más alto del circo,
porque la palidez que mal oculta el maquillaje de su cara,
quizá signifique
el precio
de la sonrisa de su hijo menor.

En público y en privado
repudiaremos la amistad de los demonios
y la delicadeza de sus emisarios y cabestros.

No nos bañaremos jamás en las aguas de la injusticia,
ni cambiaremos la libertad
por los disfraces luminosos y la superficie sin fin de la calma
que el oro promete.

The Apex

We will not teach future generations
that the Moon
is a woman
with an almost adolescent mouth.

We will not build our house on sand, where according to
                                                    scripture,
the rain and the wind will destroy it;
nor will we put our faith
in the word of those who falsify the people's will,
because their siren song
will lead us
to a dominion of endless nooses.

Nor will we brew a cup of pleasure from the terror of the clown
struggling to climb
to the very apex of the tent,
because the pallor that his makeup ill conceals
may be
the price
of the smile of his youngest child.

In public and in private
we will spurn the company of demons
and the charm of their ambassadors and shills.

We will never bathe in the waters of injustice
nor barter our freedom
for luminous disguises and the surface of eternal calm
gold can provide.

Seremos impenetrablemente claros como los ídolos de la
venganza.

Por todo ello
heredaremos el traje de un mendigo,
cuyo valor
ninguno podrá pagar
transcurridos muchísimos años.

We will be impenetrably clear, like the idols of vengeance.

In the end
we will inherit a beggar's rags,
whose price
no one can ever pay
in all the centuries to come.

Los días difíciles

De joven creía que podía morir y renacer
de mis propios despojos.

Es una larga historia.

Fui marinero de la medianoche. Escalé montañas
con un cadáver atado a un tobillo. Falsifiqué mi efigie
a cambio de un plato de bellas falsedades. Fijé
mi residencia en el lado oculto de la realidad. Allí viví
diez años cometiendo abominables crímenes: escribí
a favor de la insolencia de los poderosos, novios purísimos
de la barbarie y agrimensores de la oblicua eternidad; elogié
la suavidad de las manos pausadas
de los ladrones de bancos; asesiné *-por órdenes superiores-*
el jardín de mi hermano mayor, que era su único tesoro.
Defendí con mi vida
las creencias de los mercaderes, ensalcé sus burlas
sangrientas
a lo desconocido y su espantosa alegría de monos superiores.
Yo era entonces muy joven y creía que podía caer de bruces
sin sufrir daño alguno. Creía que podía conservar
sosegada en su hondura mi barba mitológica.

He envejecido.
Hoy avanzo con dificultad; es imposible no lastimar con mi
                                                    peso
los seres frágiles que transitan bajo mis zapatos, por falta
de luz en mis ojos; mi camino está hecho de vasos estrellados
falsas alarmas de incendios y ataques, telarañas desordenadas
en los cuatro puntos cardinales, cruzadas por ondulantes miradas
(que adivino enemigas)
procedentes

The Difficult Days

When I was young I thought I could die and be reborn
from my own remains.

It's a long story.

I was a midnight sailor. I climbed mountains
with a cadaver tied to my ankle. In exchange for a fine plate
of falsehoods, I forged a second face. I pitched
my tent on the far side of reality and for ten years lived
a life of heinous crime: I used my pen
to praise the insolence of the powerful, the faithful lovers of
                                                    brutality
who were staking out a warped eternity. I lauded
the softness of the deft hands
of bank robbers. *Following superior orders* I murdered
my older brother's garden, the apple of his eye.
I defended with my life the cant of hucksters. I extolled
their bloody contempt for the unknown
and their sinister air of gleeful simians. I was so young then
I believed I could keep my mythological beard
safe in its own depths.

Now I'm old. I've so little light left in my eyes
I can't help crushing underfoot the fragile life
that moves along on my path. My road is made of broken
glass and false alarms of fire and attack. Torn cobwebs
dangle from the four points of the compass, ruffled by
sinuous glances
(no doubt inimical)
proceeding

de los bajos fondos
en donde la poesía
se acuesta a dormir
y se levanta sumamente pálida, y en donde
el contacto
con una hoja
del nido de una víbora,
puede matar.

from awful dives
where poetry
goes to bed
and gets up sickly pale, and where
the graze
of a leaf
from a viper's nest
can kill.

Descripción de una ciudad en peligro

Las cobras
han extraviado los únicos silbidos que poseían.

Las sirenas
silban
el nuevo día. Con fines inexplicables
los automóviles
trasladan
a puntos clave
inmensos sacos hinchados de silbidos.

La Prensa,
La Radio,
La T.V. y los Altos Círculos de la Nación
silban singularmente en circuito cerrado.

Los artistas, víctimas del lujo, a solas silban la poesía.
Los malhechores públicos convertidos en héroes
y en familias pudientes,
elevados
sobre grandes pedestales de hierro,
invisibles,
imponen, a fuego lento, la rueda alucinante de una moral
silbada.
Con acento extranjero, tras gruesos lentes ahumandos,
la policía
saca sombras chinas y desafinados silbidos de los huesos
de las víctimas elegidas. Las sábanas silban en los alambres
y la libertad silba en las ametralladoras, mientras,
reclinada en su lecho de rosas, la sífilis, con aire digno,
silba su monótona y dulzona y antigua canción.

Description of a City in Danger

The cobras
have misplaced the only hisses they possessed.

Sirens
signal
the new day. For inexplicable reasons
vehicles
transport
to key points
immense sacks stuffed with hisses.

The Press
The Radio
The TV and the High Circles of the Nation
hiss strangely on closed circuit.

The artists, victims of luxury, hiss poetry to themselves.
Common criminals transformed into heroes
and elevated
at wealthy homes
on lofty pedestals,
invisible,
slowly spin the hallucinatory wheel of hissed morality.
Behind thick dark glasses,
police with foreign accents
make dark shadows and off-key hisses
with victims' bones. Sheets hiss on wires
and freedom hisses in machine guns, while
syphilis, reclining on her bed of roses with a dignified air,
hisses her ancient, monotonous, saccharine song.

Las iluminaciones
superpuestas del teatro bifronte, los tenebrosos homosexuales
que flotan en dos aguas y los señoritos con aspecto de
floreros;
el café
y las visitas intelectuales con un clavel de sospecha
en la solapa; la roja fotografía del bebedor y una cola infantil
que mueve al llanto, rechiflan
sus comedias
por el ojo insistente de una llave.

The images
superimposed on the two-faced theater, the mysterious
                                        homosexuals
who float upon two waters and the dandies with an air of flower
                                                        vases;
the café
and the intellectual guests with a suspicious carnation
in their lapels; the red photograph of the drunkard and a
                                        chorus of children
who move you to tears, whistle
their comedies
through the insistent eye of a keyhole.

Un anormal volumen de lluvia

(Crónica de un Juicio Final)

Ha llovido cien noches y cien días continuos
y la ciudad
ha sufrido
en sus ejes
un ángulo de inclinaciones
complicadísimas. Hoy, después de luchas inútiles,
amanecieron
absurdamente doblados
el señor Presidente de la República
y sus cercanos ayudantes: curas vigorosos,
diversos
invariables
dirigentes internacionales,
secretarias de espléndidas figuras y el vuelo
uniforme y quebradizo de ebrios buitres salvajes.

Adoptaron extrañas posiciones las mujeres
que se encontraban
tendidas con sus amantes
sobre la tierna maleza de los espejismos próximos a la aurora
$\qquad\qquad\qquad\qquad\qquad\qquad$ boreal;
la tristeza de la servidumbre
y la vaga amabilidad de los guardaespaldas,
de los prestamistas y de los agentes de seguros.

Se derrumbaron los pobres escritores honrados y los periodistas
con marcas infames y dolorosas en el rostro
hechas con tinta indeleble y los gangsters retirados (fabricantes
de marcas) adictos
a las bebidas de colores sanguíneos
y expertos infalibles

An Abnormal Quantity of Rain

(Chronicle of a Last Judgment)

For a hundred nights and a hundred days it has rained without
stopping
and the axes of the city
describe
extremely complicated angles. Today with an effort
the President of the Republic got out of bed
tilted absurdly
as did his most trusted aides: hearty priests,
various
invariable
international leaders,
secretaries with sensational shapes
and a flock of savage drunken buzzards
flying in precarious formation.

Upon the soft grass of mirages near the aurora borealis
women lying with their lovers
adopted strange positions,
as did the sadness of servants
and the vague benevolence of bodyguards, loan sharks and
insurance salesmen.

People fell like flies, poor writers and journalists
with terrible painful marks on their faces made with indelible ink,
retired gangsters (manufacturers
of marks) addicted
to blood-colored drinks
and infallible experts

en dédalos políticos y en las vacilaciones
y matices de la nube de la transfiguración
de la Banca.

Con los bultos de lluvia caídos
también se paralizaron los viajes
y se ensordecieron los instrumentos músicos.

on political labyrinths and the subtle
inner workings of the transfiguring cloud
of Banking.

So much rain fell
that travel was paralyzed
and musical instruments fell mute.

SECRETO MILITAR

MILITARY SECRET

Secreto militar

(Respuesta a Rafael Heliodoro Valle)

La Historia de Honduras se puede escribir en un fusil,
sobre un balazo, o mejor, dentro de una gota de sangre.

Military Secret

(Response to Rafael Heliodoro Valle)

The History of Honduras can be written on a gun,
on a bullet wound, or rather, inside a drop of blood.

Tiburcio Carías, el hombre

Ni los más allegados
de los asesinos a sueldo y de los obscenos maniquíes
quemadores de incienso
que sostuvieron 16 años en el poder su cetro de hierro
pudieron llegar a conocerlo: vivió y murió
en olor de santidad.

Tiburcio Carías, the Man

Not even the most trusted
of the paid assassins and obscene mannequins—
the burners of incense
who kept his iron scepter in power for 16 years—
got to know him: he lived and died
in the odor of sanctity.

*Tiburcio Carías, elected in 1932, ruled Honduras 16 years with
notorious contempt for human rights and for the national
constitution.*

Stroessner

Alfredo Stroessner, el policía más solitario de la Tierra,
está, pueden mirarlo,
cruzado de brazos y comido por la pereza,
examinando con método y sistema su galaxia privada
y piensa, dentro del espacio-tiempo que lo estrecha,
en esa posibilidad sin adjetivos, cada vez más transparente,
de que su madre y maestra, la Muerte, sin que él lo sospeche,
una noche cualquiera deje bajo las sábanas de su lecho
una serpiente de cascabel.

A partir de ese día,
el Dios del Infierno sabe su nombre con exactitud,
no tendrá ya sentido
el cuerpo del más bello y peligroso de sus homosexuales
ni la colección de antifaces que lo hicieron famoso,
y vaya, ya para ese entonces,
aquella máscara mágica labrada con primor
(secretísimo regalo del Pentágono)
habrá perdido el resplandor del primer grado de belleza
que tiene el poder de transformarlo
en un padre amoroso que se deja reducir a hilos y láminas.

Stroessner

Alfredo Stroessner, the most solitary policeman on Earth,
is standing there, just look at him,
arms crossed, slack with sloth,
systematically examining his private galaxy
and thinking, within the space-time coordinate that confines him,
about the unadjectifiable possibility, ever more plausible,
that his mother and mentor, Death, when he least suspects it,
may some night leave between the sheets of his bed
a rattlesnake.

From that day forth,
the God of Hell well knows when it will be,
the most beautiful and dangerous of his homosexuals
will longer be needed,
nor his famous collection of masks,
and even that beautifully fabricated magic mask
(a secret gift from the Pentagon)
will lose some of the splendor
that transforms him
into a loving father transferable to handbills and banners.

Alfredo Stroessner was president and dictator of Paraguay from 1954 to 1989. His rule was the longest in 20th-century Latin American history.

Monsieur Duvalier

(Doctor en Cuadrumanidades)

El vello le ascendía en calma de los pies
a la cabeza
inundándole
las uñas de las extremidades y los ojillos,
impidiendo
a quienes lo rodeaban y lo observaban con dulzura,
descubrir que el humanoide
enfundado dentro de una velluda suavidad cerrada
era el mismo
a quien el mar estrellado de los atardeceres de Quisqueya
y el peso de los vinos de Francia
inflamaban
su orgullo de mono inefable.
El mismo
que hizo de Haití
un país por cárcel.

Monsieur Duvalier

(Doctor in Quadrumanities)

A fine fur calmly ascended his body from his feet
to his head
nearly covering
the nails of his extremities and his little eyes,
preventing
those around him from discovering
that this humanoid
swathed in a soft fur sheath
was the same one
whose ineffable monkey pride
was aroused
by the starry seas of Quisqueya at dusk
and the weight of good French wines.
The very same
who made Haiti
a prison state.

François Duvalier, elected president of Haiti in 1957, declared himself president for life in 1964. He was kept in power by the deadly Tontons Macoutes.

La fiera alucinada

Para que las generaciones de hoy y de mañana
reconozcan y no olviden, nunca jamás, uno a uno
de los mayores artífices de la destrucción
de este país y sus hombres, en este sitio y fecha
quedan escritas estas acusaciones.

Frías las emociones contarán una por una
las manchas sin nombre de su vestido rojo.

Comprobarán el ritmo de la enfermedad que roe sin pausa las
                                        palmas
de sus manos, veloces hasta lo invisible
como las manos de los arrogantes ladrones ocultos en los bancos.

Recordarán que detrás de una discreta nebulosa
posee concretos sistemas de complicidad:
bancos color sangre azul, un equipo de fútbol,
redes aéreas como telarañas, un puerto con dos brazos de mar
semejantes a la prolongación de la luz, una virgen militar sin
                                        cuerpo
y un toro homosexual que habla doble en inglés y oblicuo en
                                        castellano.

Asimismo, no pasarán por alto que a modo de una broma sucia
tiene a su servicio personal cubos de alta peligrosidad colmados
de ojos y oídos
de diferente frecuencia modulada.

Y sobre todo, señalarán con índice de oprobio
el resplandor obsceno de aquellos pájaros de cuenta de la
                                        literatura

The Hallucinating Beast

So that this and future generations
may never forget
this country's most powerful death machine
in this place and on this date
the following accusations are set down.

They will soberly identify, one by one,
the nameless stains on his red tunic.

They will record the progress of the disease that gnaws the
                                                        palms
of his hands, so swift they are invisible,
like the hands of overconfident thieves who hide in banks.

They will observe that behind a discreet nebula
he controls solid systems of collusion:
blueblood-colored banks, a soccer team,
airline networks like vast spider webs, a port with two inlets
that extend like light waves a militant virgin without a body
and a homosexual bull
who speaks doubletalk in English
and with forked tongue in Spanish.

Moreover, they will carefully note that he maintains,
as a kind of dirty practical joke,
a number of lethal bugs complete with eyes and ears
of variable frequency modulation.

Above all, they will denounce
the obscene splendor of those literary magpies

—que él,
con la prudencia del Sisimite—
ha domesticado con metálicos golpes diplomáticos.

Por lo descrito,
durante el acto final de su única bufonada seria,
les hablo formalmente de su muerte, los niños de este país
lo cubrirán con infamantes letreros
hasta ocultarlo a la mirada pública.

Observen, obsérvenlo hundido en sus habitaciones podrido en
oro
y ebrio de mala baba a imagen y semejanza del mismísimo
demonio en persona.

Mírenlo: de crímenes hinchado el General relumbra como un
cerdo.

whom he—
with the wisdom of the Sisimite—
has domesticated with juicy diplomatic plums.

Because of all this,
at the climax of his only serious clown act,
I mean his death, the children of this land
will cover him with Wanted posters
until he is hidden from public view.

Look at him hiding in his rooms, rotten with gold
and drunk on his own slobber, the devil himself

Behold the General, so swollen with misdeeds he glistens like
a pig.

The Sisimite is a sinister figure from Honduran mythology, a shrewd, hairy monster whose feet are mounted backwards, making it difficult to track him.

La cuadratura del rostro

Antes
del General
Gustavo Adolfo Alvarez Martínez, sicario
de rostro cuadrado, gafas negras y ética de buitre,
todavía
podían moverse las hojas de los pinos.

The Squaring of the Face

Before the days of
General
Gustavo Adolfo Alvarez Martínez, hired assassin
with a squared face, black glasses, and the ethics of a vulture,
pine needles
could still quiver in the breeze.

Pinochet en la balanza de pagos

El pueblo de Chile, que no se equivoca
sino en lo que quiere y debe equivocarse,
afirma en voz baja
que Pinochet vino a este mundo, por una medida de seguridad
extrema,
envuelto
en un rollo de alambre de púas.

Pinochet in the Balance of Payments

The Chilean people, who are never wrong,
except when they want and need to be,
whisper
that Pinochet came into this world through a special security
measure
wrapped
in a roll of barbed wire.

La persecución de los mastines

De ese otro subreino de seres humanos, llamémosles así
por esta única vez,
que, seducidos por el más antiguo de los misterios de la
sangre
desataron
la persecución de los mastines, ninguno de ellos
marcó a fuego
la línea de la desolación entre la víctima y el victimario
como lo hizo
el exterminador de las manos frías y el corazón ardiente
suave
como el fango, el cerdísimo Trujillo,
hoy
hecho piedra y por el mar golpeado,
odiado por los vivos,
odiado por los muertos.

The Persecution of the Mastiffs

In that other subkingdom of human beings, let us call them
that
just this once,
where, seduced by the most ancient of the mysteries of blood,
mastiffs were first unleashed,
no one
ever succeeded in drawing in fire
the desolate line between victim and victimizer
as clearly as
that exterminator with cold hands and warm heart,
soft
as mud, His Most Swinish Excellency Trujillo,
now
turned to stone and lashed by the sea,
hated by the living,
hated by the dead.

*The Dominican Republic suffered under the dictatorship of Rafael Leonidas Trujillo
for thirty-one years.*

Fue en el año 32. Y no hay olvido

"DESPUES DEL AMETRALLAMIENTO
QUEDARON TENDIDOS
HASTA LOS FIELES PERROS QUE ACOMPAÑABAN A
SUS AMOS INDIGENAS".
— (De: Documentos militares oficiales del Gobierno
Salvadoreño.)

La orden
partió de una de las 14 mansiones
y se posó
como una pajarita de papel sobre el corazón derecho
del teósofo y brujo Maximiliano Hernández Martínez,
andando el tiempo cosido a puñaladas.

Sucedió en Juayúa.
Fueron llegando, como en sueños,
uno tras uno 30.000 campesinos,
es decir,
niños grandes quemados por círculos en rojo.

Sucedió en Juayúa.
A la hora señalada cerraron
las 4 bocacalles de la plaza
y hubo
un infierno nuevo bajo el Sol.

(Los ojos brumosos
del señor presidente de los Estados Unidos de América
se inyectaron de sangre y relucieron a su máximo esplendor.)

Fue en el año 32. Y no hay olvido.

It Happened in '32, And There's No Forgetting

"AFTER THE MACHINE GUN ATTACK,
EVEN THE FAITHFUL DOGS WHO
ACCOMPANIED THE INDIGENOUS LEADERS LAY DEAD."
— (From official military documents of the Salvadoran
government.)

The order went out
from one of the 14 mansions
and landed, like a paper bird, on the right breast
of General Maximiliano Hernández Martínez, theosophist and
warlock,
destined, in due time,
to be riddled with stab wounds.

It happened in Juayúa.
As if in a dream they arrived one by one,
30,000 campesinos,
that is to say,
big children seared by scarlet circles.

It happened in Juayúa.
At the established moment
all four exits from the plaza
were blocked.
And a new hell appeared under the sun.

(The bleary eyes
of the President of the United States of America were shot
with blood and they shone with maximum splendor.)

It happened in '32. And there's no forgetting.

1985 - 2001

*In 1932, Salvadoran dictator Maximiliano Hernández Martínez ordered
the massacre of 30,000 campesinos in the Department of Sonsonante.*

Guatemala, el país de la eterna primavera

Despierta.
Entreabre
los vidriosos ojos triangulares.
Giran sensuales y sin agilidad sus numerosos ejes,
y apoyada
sobre su anillo predilecto
suelta de golpe su poderío bíblico
y tritura y se traga la eterna primavera.

Es Efraín Ríos Montt, el General, esa Boa Anaconda
que envuelve y comprime con pegajosa intimidad
a Guatemala.

Guatemala, Land of Eternal Spring

It wakes up.
It half-opens
its glassy, triangular
eyes. Its numerous axes rotate sensually,
without agility,
and leaning
on its favorite coil, it suddenly releases its biblical power
and crushes and swallows
spring.

It is Efraín Ríos Montt, the General, the Boa Constrictor,
who
in an intimate, sticky embrace
surrounds and crushes
Guatemala.

Efrain Ríos Montt, military dictator of Guatemala in 1982 and 1983, is considered by human rights groups to have been the bloodiest dictator in Guatemalan history.

Caen en el vacío dos palabras mayores

La palabra Democracia, hoy por hoy,
ha sido despojada de su significado.

Los hipócritas, como sólo ellos saben hacerlo,
se llenan las fauces con su nombre.

Los reaccionarios,
envueltos y dilatados por la acústica de su enorme ostra,
hablan de ella.

Impenetrables
y sin emociones, alojados dentro de la cúpula
del poder absoluto,
los asesinos y los ladrones dibujan su nombre
sobre el punto más frío de la página en blanco.

Fuera de fábula, manejado a control remoto
el cerdo mayor de la piara gruñe su nombre
y ordena
a sus hombres de presa (de preferencia en la madrugada)
la cacería y el destace
de aquellos ciudadanos sensibles a la indignación.

Ese,
el más pálido de los mercaderes del Nuevo Templo y su
                                                   relámpago
—dueño y señor del pánico total—
esconde el tamaño de sus actos
detrás de la palabra Democracia.

Acorralada por un club exclusivo, Miss Universo
abre su sonrisa
de delincuente fílmica y expulsa su nombre.

Two Major Words Fall into the Void

The word democracy
has been robbed of its meaning.

Hypocrites stuff their jowls with its name
as only they know how.

Reactionaries,
enhanced and amplified
by the acoustics of their enormous oyster,
expound on it.

In the rotunda of absolute power,
inscrutable and callous,
killers and thieves
write its name on the coldest point of a blank page.

And stranger than fiction, operated by remote control,
the biggest swine in the herd grunts its name
and orders his men of prey
to hunt down and butcher (preferably in the middle of the
night)
all citizens capable of feeling indignation.

Palest of the merchants of the New Temple and its lightning—
lord and master of total panic—
he hides the enormity of his deeds
behind the word Democracy.

Badgered by an exclusive club, Miss Universe opens
her Hollywood gunmoll smile
and pronounces its name.

El poeta-astro, el de la vista gorda color verde botella,
sale del agujero de su aldea electrónica apresurado hasta
el color gris
a roer un poemita, todoazul, a los pies de la santa
Democracia.

En el mismo estado de descrédito, por razones idénticas,
ha caído en el vacío otra palabra mayor: Dios.

And the astro-poet with the bottle-green blind eye,
hastily clad in gray, crawls out of his hole in the electronic village
to gnaw a little blue poem at the feet of holy Democracy.

In the same discredited state, for identical reasons,
another major word has fallen into the void: God.

La voz del pueblo

A la hora de la hora
de los pactos secretos y de las deslealtades públicas,
los Padres de la Patria, ellos, los honorables,
no enrojecen o ennegrecen de vergüenza, por el contrario
se les suele ver implacables y puros,
igual que antaño, de jóvenes,
en sus posiciones de jóvenes indignados, si es que lo fueron
una sola vez
en sus vidas.

The Voice of the People

At the hour of the hour
of secret deals and public sellouts
the Fathers of the Republic, all honorable men,
neither redden nor blacken with shame; on the contrary,
they look as implacable and pure
as they did in the old days
in their roles as angry young men, if that is what they were,
even once,
in their entire lives.

Urgente

Hoy, medio día abajo,
se extravió un niño menor de dos años,
cabeza ensortijada como un lago picado,
metidito en carnes,
grandes ojos de oveja tardía.

Sabe sólo decir cuatro palabras: mamá,
papá,
pipipa, por abuelita, y Cuba.
Y también dice ¡papo! a modo de protesta
o si se suelta en llanto.

Se llama Néstor pero en el habla casera
a nuestro pedacito de gente le llamamos
Don Tiqui.

Si acaso lo encuentra la Policía,
(esperamos con el corazón en la mano que no sea así)
se ruega no maltratarlo.
El chiquilín porta una caja de música y viste de marinero.

Si no vuelve ¿qué mujer, qué hombre y qué animal
de esta casa
podrá levantar, aunque lo intente, sus alas caídas?

Urgent

This afternoon a child, not even two years old,
got lost.
He has curls like ripples on a lake.
A pudgy boy
with huge eyes like a stray lamb.

He only knows four words: Mommie,
Daddy,
Pipanny, for Granny, and Cuba.
When he's upset he yells papo! to protest
or show he going to cry.

His name is Nestor
but at home we call our little piece of person
Don Tiqui.

If it's the police who find him
(and we hope with all our hearts it won't be)
please don't let them hurt him.
This little boy is wearing a sailor suit and carrying a music box.

If he does not come back, what man, what woman, what creature
in this house
will ever again be able, no matter how they try,
to lift their fallen wings?

MASCARA SUELTA

THE LIFTED MASK

La desconocida

Las tres bellas mujeres idénticas
son y han sido en estricta verdad
una sola: la mujer
que lucha con la sombra del fuego
del hogar
es igual al más bello animal de la Tierra,
igual a su vez
a la oficiante alta y delgada que noche tras noche
sobreviene durante el sueño, hasta el sol de
hoy.

She

In strict truth
the three identical
beautiful women
are and always have been
one: the woman who wrestles with the shadow
of the hearth
is the same as the most beautiful animal on Earth,
who in turn is the same
as the tall priestess
who night after night
has ravished me in dreams
until the dawning of
this day.

La estación y el pacto

Ni la ventana que entredibuja el campanario.
Ni aquella ingenuidad de primer grado
del insecto viudo que aún sobrevuela mi infancia.
Ni la amistad del libro: me hacen falta.

Tus manos al alcance de mis manos
me faltan
como las compartidas soledades.

Necesito, lo sabes, las gemelas alturas de tu cuerpo,
su blancura quemada. Y ese pez
que vuela azulinante hacia el final de tus desnudeces…
abriendo y cerrando los labios de tu fuerza oscurísima.

The Station and the Pact

Not my window framing a distant spire
nor the innocence of the widowed lightning bug
pulsing above the schoolyard of my youth.
Nor the fellowship of books: these
I do not need.

I need
your hands within the reach of my hands
as I need to share
my solitary days.

I need, and you know, the twin heights of your breasts,
their burned whiteness. And that fish
that leaps habluecinated to the farthest reaches of your
nakedness...
opening and closing the lips of your dark force.

De la bruma hice vino

Amiga mía, bella
como la mujer bellísima que cruzó hacia la locura,
no hubo signo en mi origen que no te enamorara.

¿Qué complicados golpes no convertí en azúcar?

De la bruma hice vino, del vino sangre,
de la sangre, sobre el primer nivel de mi elección
hice el dibujo perfecto de tus labios.

Jamás dijiste algo
que ofendiera la dignidad pacífica de las cosas del campo.

Indestructible y tierna te elogiaron las piedras,
tu mirada elogiaron, limpia como un desierto.

Los hombres de este pueblón sin música no olvidarán
tu nombre.

From the Mist I Made Wine

Beloved, beautiful
as the most beautiful woman who crossed over into madness,
there was no sign in my beginning but led me to love you.

What complicated blows did I not convert to sugar?

From the mist I made wine, from the wine I made blood,
from blood beyond the reach of my desire
I made a perfect picture of your lips.

You have never said a word that might disturb
the peaceful dignity of country things.

The stones have praised you, indestructible and tender,
they have praised your clear gaze,
open as the desert.

The people of this poor town without music
will not forget your name.

Así de sencillo

Para Lidia

Mujer, la de la mano amiga sobre el hombro,
los extremos se tocan, con amor, en tus dedos.

Juntos
recorreremos el andado y desandado camino. Y nada
haremos que no sea hermoso.

Entre la oscura oscuridad oscura de los enamorados,
a riesgo de que pueda quebrarse
la unidad que sostiene tu cerrada belleza de niña pobre,
haremos huesos viejos.

Así de sencillo.

Simple

For Lidia

Wife, you of the gentle hand on my shoulder,
all extremes meet, with love, in your fingertips.

Together
we'll walk the traveled and retraveled roads. And nothing we do
will not be beautiful.

In the darkest dark darkness of lovers,
risking the unity that sustains your fragile grace—
shy beauty of a country girl—
we'll let our bones grow old.

Simple.

Máscara suelta

Oye mi voz,
oye mi voz
porque antes
de que los reptiles se devoren entre sí
te llamarán con nombres alcanzados por el prestigio
del brillo del oro.

—Desnuda la mujer, te dirán con los ojos,
es un ángel de pie sobre la Tierra.

A cambio de lo que más adoras
te ofrecerán
la seguridad
de sus palacios que tienen la apariencia del aire,
sus vinos y sus rosas y sus inclinaciones, los manuscritos
que guardan sus llagas sagradas.

Oye mi voz, mi único amor, oye mi voz porque escrito está
que detrás de ese concéntrico espejismo se levantan de pronto
sus panteones, la prosa tísica, sus burdeles de oro,
la nieve negra y sus salpicaduras, la advertencia más seria
de la Muerte.

Tegucigalpa, 1987

The Lifted Mask

Heed my words.
Beware,
because before the vipers devour one another
they will call you with names bought with the prestige
of the gleam of gold.

"This woman disrobed," they will tell you with their eyes,
"is an angel
descended to the Earth."

In exchange for your honor
they will offer you the safety
of their palaces that look like air
their wines, their roses and their bows, the papers
that hide their holy sores.

Beware, my only love, for it is written
that their concentric mirages shall belch forth
whited sepulchers, golden brothels, unclean prose
and the black slush of their filth, the certain signs
of Death.

Tegucigalpa, 1987

Sobre el agua

Ella tiene los poderes del mar cintura adentro.

Una flor amarilla
su cabello disuelve en resplandores duros y pesados.

Desnuda así posee la atracción que siente la mariposa
seducida por la fuerza de la suavidad de la materia ávida y
abierta.

Sus labios y palabras
acumulan la lengua de lo tibio y luchan entre sí hasta la muerte
antes
de convertirse en una melodía.

Más bella
la hace el dúctil y maleable mastín que la vigila.

Ella, confieso a medio arrullo,
está hecha de fuentes luminosas y su inteligencia es dulce
como el agua primera que dio origen al mundo.

Por ella, aquí, es menos doloroso el oficio de poeta.

Upon the Water

Her waist contains the powers of the sea.

Her hair dissolves a yellow flower
in molten splendors.

Naked like this she is the force that lures the moth
to the softness of avid yielding matter.

Her lips and words make a language of tenderness
that struggles to the death before becoming melody.

The sleek and supple mastiff standing guard
makes her more beautiful.

She, I confess half crooning,
is made of luminous fountains and her intelligence is pure
as the first water that gave birth to the world.

Because of her, it is less painful
to be a poet here.

El cisne negro

Tu nombre digo y beso tu blancura.
Tu nombre escribo y toco, hebra por hebra, el cisne negro del
pubis.

El amor, el cuadro de su sombra,
es el músico cierre de una mano extendida a otra mano.

Una voz
dice tu nombre frente al mar y yo lo repito detrás del mar
y lo escribo en pedacitos de papel
que después esparzo bajo los puentes, para que nadie
lo lea
ni lo toque.

The Black Swan

I speak your name and kiss your whiteness.
I write your name and touch, strand by strand, the black swan
                                                    of your pubis.

Love, its shadow on the screen,
is the melodic closing of a hand
that clasps another hand.

A voice speaks your name before the sea and I repeat it
where the sea can't hear
and I write it on bits of paper I scatter under bridges
so that no one can read it or touch it.

En este parque, solo

Así estabas: abandonada entre tus propias cúspides. Ajena a la
mujer que se paseaba fuera de sí en la azotea aquella.
Superior al hechizo del rostro del asesino profesional que
miraba y admiraba tus muslos carceleros y el lirio de tus
nalgas, inconcluso como un tigre enamorado. Tenías, a veces,
el aire discreto y melancólico de la flor que suele haber en los
hoteles.

De pie o acostada, desnuda o en traje blanco la aguja flotante
del miedo apuntaba insistente contra el sitio más tierno que
divide tu cuerpo, y así, con los nervios de punta y unidos por
un hilo irrompible oíamos, murmullo por murmullo, allá a lo
lejos al pie de un firmamento color azul teatro, el estruendo
de una pelea a muerte, apagándose.

En dónde estás, me digo, y qué haces con la media noche en
torno a un vaso de vino y quién besa tu espalda como la
magia, blanca.

Junto a esa estatua—mi amiga y tu doble—insisto como
siempre con mi vieja pregunta: qué sería del frío de tu belleza
si yo no lo acunara de tarde en tarde en este parque, solo.

In This Park, Alone

Adrift among your own golden spires. A stranger
to the frantic woman prancing on the roof. Aloof to
the spell of the angel-faced assassin poised like an amorous
lynx before your subjugating thighs and the lily of your
buttocks. Sometimes you had the melancholy air of a flower
on the desk of a hotel.

Standing serenely or lying among pillows, nude or gowned in
white, you sensed the floating needle of fear pointing
implacably to the tenderest place that divides your body.
Against a firmament of theater blue, our taut nerves linked by
unbreakable wire, we listened murmur by murmur to the
fading sounds of a battle to the death.

Where are you now, I ask, and what will you do with this
midnight swirling about your wine glass, and who is kissing
your shoulder, white as magic?

Beside this statue—my companion and your double—I repeat
my ancient question: what would become of your beauty's
coldness if I did not come at dusk to cradle it in this park,
alone?

El más antiguo de los nombres del fuego

Dichosos los amantes porque les pertenece
el grano de arena
que sostiene el peso del centro de los mares.

Hipnotizados por los juegos de agua
no oyen
si no la música que sus nombres esparce.

Unidos,
pegándose entre sí como los animalitos aterrados
que presienten que van a morir, tiemblan sus partes.

Nada les es ajeno.

Para ellos contra viento y marea
sólo tienen sentido las embellecedoras palabras
de todo lo que existe: —te amo, juntos hacia el final
llegaremos a viejos.

Los cuervos y las cuervas les sacarán los ojos,
los bellos gestos, incluso la luna del espejo,
pero no el fuego,
de donde surgirán de nuevo los amantes.

The Most Ancient of the Names of Fire

Blessed are the lovers
for theirs is the grain of sand
that sustains the center of the seas.

Dazed by the play of fountains
they hear nothing
but the music sprinkled by their names.

They cling to one another
like small frightened animals who tremble, knowing they will die.

Nothing is alien to them.

Their only strength against the wind and tide
are the beautifying words of all existence: I love you,
we'll grow old together to the end.

Male and female ravens steal lovers' eyes,
their beautiful gestures, even the moon in their mirror
but not the fire
from which they are reborn.

El regreso del río

Ha regresado el río.

Paseamos, como antes, por lugares poblados
de ruidos del bosque y de nombres. Hablamos
de personas y sucesos que casi nadie sabe que trazaron mi rumbo.

Evocamos, estrechándonos más de lo necesario, la armonía
del valle atormentado que conduce
a espumosos países donde la mansedumbre cuida de la niñez.

(Se dibuja rojiza la caída del cisne
que en pleno vuelo se destrozó contra tu cabellera.)

Ha regresado el río a su vuelta primera
y ha hecho
que tu presencia persista en eso que ha quedado
de la música.

The Return of the River

The river has returned.

We walk, as before, through places echoing
with forest sounds and names. We talk
of friends and little known events
that shaped my course.

Half embracing we evoke the harmony
of the tormented valley that leads to airy lands
where kindness minds the young.

(A red line marks the falling of the swan
that perished in the glory of your hair.)

The river has returned to its first bend
and you linger
in these shards of music that remain.

La fuente Iluminada

Digo mar y te identifico y me pregunto
qué principio desborda el vaso que te vuelve fraterna
y de dónde procede el flujo y reflujo del agua lejanísima
que hace a tus senos subir y bajar su hermosura.

Desde mi cama puedo tocar las ramas y piedras
que labra la paciencia marina y de este modo enciendo
un rayo de sol del mundo comprendido
que ha de sobrevivirnos.

Digo mar, y olvido, un instante,
los agujeros de aquellas máscaras envejecidas por el odio
desde
donde
me observa cierta gente que trato día a día.

The Illuminated Fountain

I say sea and name you
and wonder what potion overbrimming the glass
has made you kin
what flux and reflux of distant water
makes your breasts lift
and lower their beauty.

From my bed I touch twigs and stones
the patient sea is carving. I cast a ray of sun
into the world that will survive us.

I say sea and forget, for an instant,
the holes in the hate-wizened masks through which certain
                                               people
peer at me each day.

La sal dulce de la palabra poesía

Del fuego, en un principio,
los dioses de los primeros hombres
que lo vieron y lo amaron fueron haciendo, solos,
la mujer.
Esculpieron temblando sus senos absolutos,
la ondulación del pelo,
la copa de su sexo, más complicada por dentro
que el interior de un caracol marino.

Delinearon a pulso la sombra de su sombra,
la curva y mordedura de ese juego del fuego
que sabe a rojo virgen debajo de la lengua
y levanta
la súbita belleza de una brasa en los ojos.

Desde entonces, su cuerpo
se hizo pudor tocable en carne y hueso.

Digo mujer,
la sal dulce de la palabra poesía.

Tegucigalpa, 1987

Sweet Salt of the Word Poetry

Out of fire
the gods of the first men to see it and adore it
molded woman.

They sculpted her absolute breasts,
the undulation of her hair,
the chalice of her sex, more intricate within
than the recesses of a chambered shell.
They traced freehand the shadow of her shadow,
the leap and bite of fire's desire
that tastes virgin red beneath the tongue
and brings
the sudden beauty of an ember to the eye.

Since then
her body has become
the touchable shyness
of skin and bone.

I say woman
sweet salt of the word poetry.

Tegucigalpa, 1987

EL LLANTO DE LAS COSAS

THE WEEPING OF THINGS

Recuerdos número 1 - 2

A Roberto Armijo y Alfonso Quijada Urías

Mi primer recuerdo
parte de un farol a oscuras y se detiene
frente a un grifo público goteando hacia el interior
de una calleja muerta

Mi segundo recuerdo
lo desborda un muerto,
una procesión de muertos violentamente muertos.

Memories Numbers 1 - 2

To Roberto Armijo and Alfonso Quijada Urías

My earliest memory
starts at a burnt-out streetlight
and ends at a public spigot dripping
                        in a dead alley.

My second memory trickles from a corpse,
a procession of corpses violently dead.

El pequeñín

A Juan Ramón Molina

Una y otra vez el pequeñín acertaba a decir a los que viajaban en aquel tren de carga—por piedad señores páguenme el pan que me han quitado, por piedad—y aquellos seres, dotados con formas humanas y sangre de gallo hasta el nivel del iris, flotataban a los lados y reían para adentro. Llovía a cántaros, con odio, rencorosamente llovía. El silbido del tren de carga era alto una y otra vez.

The Child

A Juan Ramón Molina

Again and again he managed to say to the men in the freight car, "Please misters, pay me for the bread you took, please," and those beings endowed with human form and rooster blood up to their pupils bobbed around him shaking with silent laughter. The rain fell hard, in vicious, spiteful torrents. The train blared its whistle again and again.

El llanto de las cosas

Mamá
se pasó la mayor parte de su existencia
parada en un ladrillo, hecha un nudo,
imaginando
que entraba y salía
por la puerta blanca de una casita
protegida
por la fraternidad de los animales domésticos.
Pensando
que sus hijos somos
lo que quisimos y no pudimos ser.
Creyendo
que su padre, el carnicero de los ojos gateados y labios
delgados de juez severo, no la golpeó
hasta sacarle sangre, y que su madre, en fin,
le puso con amor, alguna vez, la mano en la cabeza.
Y en su punto supremo, a contragolpe, como
                                    desde un espejo,
rogaba a Dios
para que nuestros enemigos cayeran como gallos apestados.
De golpe, una por una, aquellas amadísimas imágenes
fueron barridas por hombres sin honor.

Viéndolo bien
todo eso lo entendió esa mujer apartada,
ella
la heredera del viento, a una vela. La que adivinaba
el pensamiento, presentía la frialdad
de las culebras
y hablaba con las rosas, ella, delicado equilibrio
entre
la humana dureza y el llanto de las cosas.

The Weeping of Things

Mama
spent most of her life
standing on a brick, her body in a knot,
imagining she was going in and out of the white door
of a little house
protected by the brotherhood of domestic animals.
Thinking
her children were
what we tried to be
instead of what we were.
Believing
her father, the butcher with gold cat-eyes
and the thin lips of a judge,
did not beat her
till she bled, and that one day her mother
laid a loving hand on her brow.
From the apex of her thought, obliquely, as if
from the far side of a mirror,
she would pray God
that our enemies be struck down like sickly fowl.
Abruptly all the images she loved
were swept away by despicable men.

In time
this too was understood
by that lonely woman
to whom the wind
bequeathed a candle. She who read our thoughts,
sensed by their chill the proximity of snakes
and talked to roses, she, delicate balance
between
human hardness and the weeping of things.

El viejo Pontiac

A Diana y Leonor

A la altura de su propia medida el viejo Pontiac es un jardín
que se abre.
Antes,
de esto hace ya muchísimo,
fingía un tigre manso deslizándose blanco entre mujeres bellas.

Hoy por hoy
el noble bruto envejece dignamente y sin prisa
hasta la consumación de los siglos... y le salen
de puertas y ventanas
florecillas del campo.

The Old Pontiac

To Diana and Leonor

In the fullness of its days the old Pontiac is a garden in bloom.

Once,
a lifetime ago,
it pretended to be a tiger gliding white
        among lovely women.

Today
the noble brute is aging gracefully and without haste
toward the consummation of the centuries... and growing out
of its doors and windows
are sprays of small white flowers.

Los sucesos de aquel puerto

A Giovanni Papini

Su padre la llevaba en hombros y un jovencillo en lágrimas partido, delante, izaba una palma blanquísima bajo aquella tormenta cerrada. (La multitud armada de cirios idénticos avanzaba y retrocedía en orden perfecto, demasiado perfecto, y allá arriba, alrededor de un cono truncado giraba un pez brillante mordiéndose la cola: El Infinito.)

A imitación de la caída sensual de la melancolía del pantano, el padre echó la última paletada de tierra sobre el cuerpecito de su hija Cristina, alcanzando a graves penas a decir Dios no existe, y camino a casa, solo como el espacio, para él murió su flor, como si el jovencillo, literalmente hablando, no hubiera podido despertarse un año antes de los sucesos de aquel puerto.

The Events in That Port

To Giovanni Papini

Her father carried her on his shoulders and up ahead a thin boy torn by tears lifted a pure white palm to the driving rain. (The multitude, armed with identical candles, advanced and retreated in perfect order, too perfect, and on high around a truncated cone spun a brilliant fish biting his tail: Infinity.)

With the voluptuous slowness of the gloom settling down upon the glade, the father sifted the last spadeful of earth over his Cristina's small body, barely finding the breath to utter God does not exist, and on the way home, lonelier than space, he felt his flower die, as if that thin boy had not literally begun to awaken a whole year before the events in that port.

Llama del bosque

Allí esperó inclinado el caballito dos días incontables una señal de vida de su mama después del empujón terrible, fijos los ojos ya en el techo del mundo. Iba y venía esa clase de gente que poco o nada entiende de las cosas propias de los caballos en paso de peligro. Estuvo, así niñino, desnudo de dolor por dentro junto a su yegua blanca sosteniendo, intacto como la llama del bosque, la más hermosa lección de solidaridad dada entre el reino animal, en espera conmigo, de que la madre muerta de pronto describiera el signo del llamado del corazón del monte, tonto de él y tonto de mí, caballos.

Flame Tree

For two uncountable days after the terrible crush the little horse looked down waiting for a sign of life from his mother, whose eyes were now fixed on the dome of heaven. The kinds of people passing by cared little or nothing about the ways of horses in the path of danger. Small and naked in his pain, he kept vigil beside his white mare, constant as a flame tree, a perfect lesson in animal solidarity. Side by side we waited for his mother to answer the call from the heart of the wild. Foolish of him, of me, horses.

Una gaviota

A Jo Anne Engelbert

Todo
ha quedado a nivel y escuadra
detrás
de la serenidad de una cortina de cristal a prueba de golpes.
Todo.

No existe en Nueva York el paraguas para un corazón bajo
                                        la lluvia.

La multitud, observen, cubre con una sábana de hielo a la rubia
hecha pedazos quién sabe por quién, ignora el pan en mano, o no
puede moverse paralizada por un solo de violín
ejecutado
en el noveno círculo de La Gran Manzana.

(Pasa una mujer bella como ella sola y uno
desea ser su reloj pulsera, su memoria de gringa de agua dulce,
su cinturón y el brazo que la ciñen
negros
como los extremos del mar océano.)

Fríos y distantes caballeros y damas de pupilas doradas
por el fulgor del dólar ¿qué hicieron del amor qué hicieron?
Por el bebé atrapado en un derrumbe, respondan. Esa es
                                        la pregunta.

Miren, Whitman y Poe tristemente regresan del futuro.

A Seagull

To Jo Anne Engelbert

Everything is squared off with a rule
behind the calm
of a plate of fistproof glass.
Everything.

New York has no umbrella for a heart pelted by rain.

Look, the crowd lays a sheet of ice over that blonde
hacked up by God knows who,
look at them, numb to it all, stopping to gawk
at a violin solo
played in the ninth circle of the Big Apple.

(A woman beautiful as only she herself passes by and goes
around a corner
and I
would like to be her wristwatch, her mind's eye —that of a
blued-eyed latina—
or her belt and the arm around her waist,
both black
as the rim of the ocean sea.)

Cold and distant ladies and gentlemen, pupils gilded
by the dollar's glow, what have you done to love, what have
you done?
In the name of the infant trapped in rubble, answer. That is
the question.

Look at Whitman and Poe returning sadly from the future.

Miren allá miren, de la urbe y su animal impaciente
al que nadie pudo
verle dos veces los dientes, queda en pie un muñeco de nieve

en cuyo hombro derecho duerme una gaviota, testigo único de
lo irrepetible.

Corre el año 2030 del día 18 de abril de la Era Cristiana,
después de Einstein.

Look over there, look —of this whole city and its snapping
                                                        animal
whose teeth no one has seen a second time
the only thing left standing is a snowman
on whose right shoulder dozes a seagull, sole witness to the
                                                   unrepeatable.

It is now
the year 2030, 18th day of April of the Christian Era after
                                                       Einstein.

Bajo un árbol

A Ramón Custodio

Este hombre sin pan, ese sin luces y aquel sin voz
equivalen al cuerpo de la patria,
a la herida y su sangre abotonada.

Contemplen el despojo:
nada nos pertenece y hasta nuestro pasado se llevaron.

Pero aquí viviremos.

Con la linterna mágica del hijo que no ha vuelto
abriremos de par en par la noche.
De la nostalgia por lo que perdimos
iremos construyendo un sueño a piedra y lodo.

Guardamos, los vencidos, ese sabor del polvo que mordimos.

Junto a esto,
que a veces es algo menos que triste,
bajo un árbol,
desnudos si es preciso, moriremos.

Under a Tree

To Ramón Custodio

This man without bread, this child without light and
                        that woman without a voice
equal this country's body,
its wound and its coagulated blood.

The pillage is complete.
We've nothing to our name. They even stole our past.

But
we will go on living here.

With the magic lantern of the son who disappeared
we'll open wide the night.
Of mud, of stone,
of grief for what we lost,
we'll make a dream.

We who were conquered remember the taste of the dust we
                                      had to bite.

And in this place
which is sometimes less than sad,
under a tree,
naked if need be, we'll die.

La puerta única

A Juan Octavio Valencia

En alguna parte, en estos momentos,
alguien
confusamente complacido escribe en pulcro idioma
la ciencia de la mentira.

Entretanto, sobre numerosos puntos de nuestro planeta
grupos de exniños
deslumbrados por el éxtasis del cierre de caja,
agonizan de hambre.

Sin embargo, cerca o lejos,
existen otros seres humanos que creen en el derecho a
                                        la belleza
y aceptan
que esta mañana refleja la puerta única
por donde se puede entrar a la felicidad a título de pueblo
liberado.

Tegucigalpa 1969-1987

The Only Door

To Juan Octavio Valencia

Somewhere at this very moment
someone
in confused complacency
is setting down in beautiful language
the science of lying.

Meanwhile, at different points on our planet,
groups of ex-children
dazzled by the glare of cash registers
writhe in hunger.

Nevertheless, near or far,
there are other human beings who believe in the right
                                        to beauty,
who understand
that this morning is the only door
through which we can enter happiness
as a liberated people.

Tegucigalpa 1969-1987

Cansancio

No conozco la nieve.
Quizá el cansancio no sea sino la sensación de nieve de un balazo
en el cielo de la boca.

El patio viene a mí al son alegre de una media muerte y me
                                                        habla
de mi pueblo y su fiesta tristísima,
del caballito que se quedó dormido en el cuaderno de dibujo
y de las señales que nos hizo la felicidad a todos y a cada uno
aquel día estrellado;
de papá y mamá me habla el patio inaccesible
como un niño.
La media luz se ha vuelto áspera hasta el sonido rojo.

Oigo
las voces quebradas de mi gente
que tienen
la forma remota
de un adiós.

Weariness

I don't know snow.
Perhaps weariness is simply snow
snow chill
of a bullet through the roof of the mouth.

At the glad sound of a half death the patio comes to me
talking about the town
its sad fiesta,
the little horse asleep in the drawing pad
and the joy that waved to each and every one of us
on that star-shattered day;
about mama and papa too
that patio rambles on, inaccessible as a child.
The twilight has grown harsh since the red sound.

I hear
the broken voices of my people
mouthing
the distant shape
of a goodbye.

Los pesares juntos

Aquí,
hijas del verbo: madres, los esperaremos.

Escúchennos, "vivos se los llevaron, vivos los queremos".

Recuérdenlo en el nombre del padre, del hijo y del hermano
detenidos y desaparecidos.

Esperaremos con la frente en alto
punto por punto unidas como la cicatriz a sus costuras.

Nadie podrá destruir ni desarmar nuestros pesares juntos.
Amén.

The Common Grief

We
daughters and mothers of the word
wait for them
here.

Hear us. "Alive they took them, alive we want them back."
Heed us, in the name of the father and the son and the brother
detained and disappeared.

We wait with heads unbowed
fused stitch by stitch like a scab to the sutures of a wound.

No one can sever or divide our common grief.
Amen.

LAS VOCES QUE TU NO OYES

VOICES YOU DO NOT HEAR

Belleza perfecta

A Alfonsina Storni

Quién eres
que así llegas y desbordas el vino melancólico
que aguardo.

¿Qué miel puntual irisa de palabras tus ojos?
Te espero y siempre vuelves
para que lave yo tus pies duros y finos.

El centro de los mares adelgazó tu forma.

Los ocasos suicidas
astillaron sus remos contra el tiempo y su línea
de reflejos atroces… y hubo soles vencidos
para tu cabellera.

Eres la que me llamas.
¿Qué tienes que me atrae como el agua desnuda?

Beso el crepúsculo en tu cuerpo blanco
y eso
que de ti queda hasta en los labios
cuando la noche lo ha borrado todo.

Amo la noche en punto, su victoria,
porque explica tu belleza perfecta y solitaria.

Perfect Beauty

To Alfonsina Storni

Who are you
to arrive like this and spill the melancholy wine
I set aside?

What punctual honey fires your eyes with words?

I wait and you return
to let me wash your smooth hard feet.

The center of the seas has made you thin.

Suicidal sunsets
splintered their oars against time and its line
of atrocious reflections... and there were vanquished suns
for your hair.

It is you who calls me.
What about you pulls me like naked water?

I kiss twilight on the whiteness of your body
and I kiss
what will linger on my lips
when night has blotted everything away.

I love the returning night, its victory,
because it explains your beauty
perfect and alone.

Adiós marino

I

Amanecía el alba y una canción.

Por tu color moreno
que envolvieron las olas
mi verdadera sombra
la perdí en alta mar.

II

Hoy yace mi pensamiento
dialogando tu retorno
con el agua que ascendía a tu cintura,
con la rota claridad de un sol ya muerto.

Ah, seda fina
el amor que se pierde tras el mar.

Day Was Dawning

I

Day was dawning, and a song.

For love of your dark color
embraced by the waves
I lost my only shadow
to the sea.

II

And now my thought lies murmuring of your return
with the water that rose to your waist
and with the broken brightness
of a sun now dead.

Ah, fine silk,
love that is lost across the sea.

Vespertina

La tarde cayendo está.
—Antonio Machado

La tarde inventa paisajes como las propias rosas,
tus dos manos.

(No puede
ni podrá entrar a su casa de marinerita negra.
Se hace a la mar y rompe su espejo fantástico.)

…Y
me envuelven las líneas de las palmas rosadas,
el amor, digo tus manos.

Evensong

Now falls the evening.
                    —Antonio Machado

The evening
invents a world just like roses,
your two hands.

(It can never go home to its dark sailor girl.
It breaks its fantastic mirror
and goes to sea.)

...And
I am entwined in lines
of rose-colored palms: love.
I mean, your hands.

Imagen de la lluvia

Puedo oír el eco de tus trenes que escapan a estaciones que no existen, por ello te estoy en extremo agradecido porque desde tu propio centro contemplo la mar definitiva.

De ti le hablo al océano, cuyo piano se oye de noche mientras danzas sobre el filo de los muros que guardan la selva en cautiverio, al río sin salida, al aire traicionado por la ley de los hombres, les hablo de tus armas en campo de oro azul vertiginoso.

Tú me ves detenido contra lo inmenso pero en realidad navego tu delgadísimo hilo, y así, viajero imposible descubro la esperanza, me emociono, corro a su encuentro, y ella, tierna entre todas las mujeres, me reconoce, digo yo, se aleja en cuerpo y alma y se destroza.

El amanecer, lluvia amiga, nos llama a la consumación del abrazo perfecto, dúo y uno.

Por ti me embriago y vivo. Por eso escribo mi nombre junto al tuyo, para que no se pierda.

Image of the Rain

Rain, I love the echo of your trains departing for destinations that do not exist: from your center I catch glimpses of the final sea.

I talk about you to the ocean, whose piano can be heard on nights you dance on walls that hold the jungle back. And when I speak to the paralyzed river, or to the air betrayed by human law, I show them your coat-of-arms, gold and azure on a dizzying field.

Weary, I sail your slender thread, discovering hope. Trembling, I run to meet her, but she, tender among all women, recognizes me and immolates herself, body and soul.

Dawn, dear rain, calls us to consummate the ultimate embrace, two as one.

Because of you I drink—and live. And I write my name alongside yours, that it not be lost.

Niña de niebla

I

Mujer de ojos dormidos:
qué alto de tu cuerpo el curvado universo,
la luz de esa luz
tu hermosísima sombra la ilumina.

La sonrisa en tus labios se quedó en el misterio.

II

Piedra y milagro:
hoja tras hoja devolviendo el bosque
baja tu olor
al límite del lecho.

(Ni canoa ni vela ni contorno, la mar azul de blanca.)

Amor, el vino gris
a su nivel de sábana y almohada.
El descenso ritual del beso rosa y negro,
digo, lo breve eterno
caricia adentro de tu invertido triángulo anillado
alcanza su oro pálido en el rostro.

Nadadora profunda tu sexo me sepulta.

III

Tu escultura de ola con los pechos abiertos
el mar desea
y a ti, dulce, se humilla.

Mist Woman

I

Woman of sleeping eyes:
the universe curves high above your body
and your lovely shadow illumines
the light of this light.

The smile on your lips lingers in mystery.

II

Stone and miracle:
restoring the forest leaf by leaf
your fragrance descending
to our bed.

(No boat nor sign of sail. The sea so blue it's white.)

Love, gray wine welling
to the brim of pillow and sheet.
Ritual descent of the rose-black kiss,
I mean, instant of eternity
caress within your ringed inverted triangle
hint of pale gold in your face.

Deep swimmer, your sex has vanquished me.

III

The sea desires
the wavelike sculpture of your breasts
and humbly kneels.

Tu escritura de garza
el agua lee,
cuidan los arrecifes.

Tu forma
maravillosamente sin alma
entrelazada a mi forma.

Desde tus hombros la espuma viene,
desde tus hombros hasta mis ojos.

Mira los peces
junto a la estatua del viento.
Oye el rocío
entre tus piernas oscurecerse.

Rema mi boca. Rema.
Mujer de ojos dormidos
mis delfines te amparan, ellos desean
tus profundos cabellos desordenados.

IV

Estoy solo.
Estoy solo.
Estoy solo y siento miedo
a las deshabitadas soledades.

Toca mi corazón y no te vuelvas,
niña de niebla.

The water reads
your heron script,
the reefs watch over you.

Your body
marvelously without soul
entwined in mine.

Foam from your shoulders
from your shoulders to my eyes

See the fish
beside the statue of the wind,
hear the dew
darkening between your legs.

Row my mouth, row.
Woman of sleeping eyes,
My dolphins protect you, they desire
your deep tangled hair.

IV

I am alone.
I am alone.
I am alone and I fear
the desert solitudes.

Touch my heart and do not turn away,
mist woman.

Las voces que tú no oyes

Quizá el amor no sea si no un delgado arroyuelo
que nace en el instante de un instante.
—Kafka

La noche se abre. La boreal aurora
te besa el lado oscuro que alucina.
Pido esa aurora en la que se reclina
dormido el pez si el límite enamora.

La vida canta en su canción de cuna
la salida belleza que moldea
las puntas de tu pecho en que aletea
una paloma azul como ninguna.

Mi continente solo y soledoso
se ilumina de faros si amoroso
lo rodea tu océano y lo asombra.

Mujer, mano elegida al mediodía
de reposada patria y melodía
de la guitarra amarga que te nombra.

Voices You Do Not Hear

Perhaps love is nothing but a slender stream
born in the instant of an instant.
—Kafka

The boreal aurora cleaves the night;
kissed by its light, your dark hallucinates.
I long for dawn where waters undulate
and amorous fish glide to the edge of light.

Life praises in its ancient lullaby
the rounded loveliness that molds the rose
perfection of your breasts, where hovering close
the bluest dove of all hangs poised in flight.

Your sea engulfs, astonishes my shore.
My lone and lonely continent, before
your amorous ocean, bursts in flame.

Woman, in a dream I chose your hand,
your melody and your meridian land
where a sad guitar is whispering your name.

Soneto de la nostalgia

A Clementina Suárez

Amor, a tu descenso el dulce trazo
del rostro levantado a mano lenta,
inclinado en la calma de otro tiempo
en hecho de verdad parece un sueño.

El punto límite en donde convergen
la línea pura de los rascacielos
y la curva del grito hacia el vacío,
digo de sí, la soledad describe.

(Signo perdido de la vez primera:
un planeta de flores la sonrisa
del mismo corazón a libro abierto).

Primavera, pájaro interminable,
ahora días cruzó las cuatro esquinas
su última imagen. Y volvió al olvido.

Nostalgia

To Clementina Suárez

Love, when you descend, these tender lines—
faded portrait, drawn by unhurried hand,
head bowed in the calm of other times—
seems in truth the substance of a dream.

The vector of the skyscraper ascends,
intercepts the long arc of a cry
into the void. The point where they converge
marks, I say, the well of loneliness.

(The sign of our first innocence, now lost:
a planet of flowers—smile of the guileless
heart—an open book.)

Spring arrived just now, eternal bird,
showed her latest face and then was gone,
headed straight into oblivion.

Muerte de la rosa

Dormida por el aire con que reza
frente al humo del tiempo está la rosa.
La oscuridad la canta y dolorosa
los puños blancos junta en la tristeza.

A fondo suave rememora el río
del silencio, la hondura de la mano
del dios, la cruz sangrienta del verano
que sueña catedrales de rocío.

La tarde en el lucero se sostiene
y el arroyuelo de la madrugada
en la piedra del día se resuelve.

La escritura, su gloria, la retiene
y arde por los ojos, y siendo nada
ella es todo el amor que nunca vuelve.

Death of the Rose

Lulled by the music of a prayer,
the rose is sleeping in the smoke of time.
Darkness sings of her—alone, sublime,
petals tightly clasped, a saddened air.

In memory she navigates anew
the silent river of eternal loss,
finds God's deep hand and summer's bloodstained cross
that dreams of vast cathedrals made of dew.

The evening star sustains the night. In turn
a slender stream of light becomes the dawn,
stone of the day. Another sunrise yearns.

Writing, its fire, retains the rose, confirms
her. All eyes burn ... for being naught,
the rose is every love that won't return.

El silencio de las sirenas

A Paul Éluard

Te esperan
y aguardan
altas contra la Luna a orillas del mar.

A la hora de la fascinación de la serpiente
se entreabren por los labios hacia adentro
de sus cuerpos celestes y sueltan sus cabellos
en grandes rosas inundando el agua.

Las ven a fondo hasta la opacidad
esos ojos laspislázuli color del tiempo.

Tierno
como una herida recién hecha
el corazón retrocede y el dulce se le quema.

Te esperan
y aguardan
altas contra la Luna a orillas del mar.

Tegucigalpa, 1966

Silence of the Sirens

To Paul Eluard

They are expecting you
and wait along the shoreline
tall against the moon.

At the hour of the serpent's fascination
they half open through their lips the depths
of their celestial bodies and loose their hair
in heavy roses, drowning the waters.

Eyes of lapis lazuli color of time
are gazing at them, into them
till they become opaque.

Tender
as a new wound
the heart winces, burned by sweetness.

They are expecting you
and wait along the shoreline
tall against the moon.

Tegucigalpa, 1966

261

Copán

La multitud de piedras de animales y de hombres
a su árbol se abrazan hasta fundirse
en una.

El alma
no saldrá de esa piedra ondulante
desprendida de la noche estrellada.

(Por haberlo entendido desde siempre
el escriba del joven dios verde del maíz
sacando versos como caballo viejo
ensaya una sonrisa y canta al hablar.)

Atrás quedó definitivamente el tablero del Tiempo.

Sólo existe el Espacio y sus cuatro horizontes:
la Luna como el día: Copán: la mar así será cuando se seque.

Tegucigalpa, 1996

Copán

The multitude of stones, animals and men
embrace their tree
till they are one.

The soul
will not depart this piece of rock
fallen from the exploded night.

(Because he has known this forever
the scribe of the young green god of corn,
siring verses like an old horse,
attempts a smile, singing as he speaks.)

The chessboard of time remains definitively behind.

Nothing exists but space and its four horizons,
moon like day: Copán: thus will be the sea when it has dried.

Tegucigalpa, 1996

CURBSTONE PRESS, INC.

is a non-profit publishing house dedicated to literature that reflects a commitment to social change, with an emphasis on contemporary writing from Latino, Latin American and Vietnamese cultures. Curbstone presents writers who give voice to the unheard in a language that goes beyond denunciation to celebrate, honor and teach. Curbstone builds bridges between its writers and the public – from inner-city to rural areas, colleges to community centers, children to adults. Curbstone seeks out the highest aesthetic expression of the dedication to human rights and intercultural understanding: poetry, testimonies, novels, stories, and children's books.

This mission requires more than just producing books. It requires ensuring that as many people as possible learn about these books and read them. To achieve this, a large portion of Curbstone's schedule is dedicated to arranging tours and programs for its authors, working with public school and university teachers to enrich curricula, reaching out to underserved audiences by donating books and conducting readings and community programs, and promoting discussion in the media. It is only through these combined efforts that literature can truly make a difference.

Curbstone Press, like all non-profit presses, depends on the support of individuals, foundations, and government agencies to bring you, the reader, works of literary merit and social significance which might not find a place in profit-driven publishing channels, and to bring the authors and their books into communities across the country. Our sincere thanks to the many individuals, foundations, and government agencies who support this endeavor: J. Walton Bissell Foundation, Connecticut Commission on the Arts, Connecticut Humanities Council, Daphne Seybolt Culpeper Foundation, Fisher Foundation, Greater Hartford Arts Council, Hartford Courant Foundation, J. M. Kaplan Fund, Eric Mathieu King Fund, Lannan Foundation, John D. and Catherine T. MacArthur Foundation, National Endowment for the Arts, Open Society Institute, Puffin Foundation, and the Woodrow Wilson National Fellowship Foundation.

Please help to support Curbstone's efforts to present the diverse voices and views that make our culture richer. Tax-deductible donations can be made by check or credit card to:
Curbstone Press, 321 Jackson Street, Willimantic, CT 06226
phone: (860) 423-5110   fax: (860) 423-9242
www.curbstone.org

IF YOU WOULD LIKE TO BE A MAJOR SPONSOR OF A
CURBSTONE BOOK, PLEASE CONTACT US.